Versicherungs- und Meldepflicht zur Krankenversicherung

Achtung: Verzichtet der Rentenberechtigte auf die Rente, kommt es allerdings nicht zu einer Versicherungspflicht in der Rentnerkrankenversicherung.

Die Feststellung über das Vorliegen der Voraussetzungen für den Rentenbezug trifft der zuständige Rentenversicherungsträger mit Erteilung des Rentenbescheides oder mit Aufnahme einer laufenden Vorschusszahlung.

Wichtig: Für die Krankenkasse ist die Entscheidung des Rentenversicherungsträgers verbindlich.

Rentenantrag

Die Versicherungspflicht in der Rentnerkrankenversicherung setzt voraus, dass die Rente beantragt ist oder als beantragt gilt. Eine Rente gilt als beantragt, wenn ein Antrag auf bestimmte Leistungen des Rentenversicherungsträgers von diesem in einen Rentenantrag umgedeutet wird.

Das ist der Fall bei einem Antrag auf

- medizinische Rehabilitation
- Leistungen zur Teilhabe am Arbeitsleben

Es ist unwichtig, in welcher Form der Rentenantrag gestellt wird. Der Antrag kann schriftlich oder mündlich (zur Niederschrift) gestellt werden. In der Praxis wird der Antrag meist formularmäßig gestellt bzw. aufgenommen.

Als Tag der Rentenantragstellung ist auch der Tag des Antrags auf Weiterzahlung einer befristeten Rente wegen verminderter Erwerbsfähigkeit, Wiedergewährung einer Waisenrente sowie auf Witwen- oder Witwerrentenvorschuss anzusehen.

Vorversicherungszeit

§ 5 Abs. 1 Nr. 11 SGB V fordert als Voraussetzung für die Versicherungspflicht in der Rentnerkrankenversicherung, dass eine bestimmte Vorversicherungszeit zurückgelegt werden muss. Diese Vorversiche-

Versicherungspflicht

gehen, deren Lebensgrundlage also die gesetzliche Rente bildet. Dabei ist es gleichgültig, ob daneben noch Ansprüche aus Betriebsrenten oder privaten Lebensversicherungen bestehen.

Für Rentenbezieher ist eine Versicherungspflicht kraft Gesetzes vorgesehen. Rechtsgrundlagen sind die Nummern 11, 11a und 12 des § 5 Abs. 1 Sozialgesetzbuch – Fünftes Buch (SGB V).

Zunächst werden hier Personen angesprochen, die die Voraussetzungen für den Anspruch auf eine Rente aus der gesetzlichen Rentenversicherung erfüllen und diese Rente beantragt haben.

Nicht von Bedeutung ist, ob die Rente von der Deutschen Rentenversicherung Bund (früher: Bundesversicherungsanstalt für Angestellte), einem Regionalträger (früher: Landesversicherungsanstalt) oder von der Deutschen Rentenversicherung Knappschaft-Bahn-See (früher: Bundesknappschaft, Seekasse, Bahnversicherungsanstalt) bezogen wird.

Welche Rente beantragt wurde, ist unwichtig. Es kann sich also handeln um eine

- Altersrente
- Rente wegen verminderter Erwerbstätigkeit
- Rente wegen Todes (Hinterbliebenenrente)

Bezieht jemand eine Rente, die lediglich auf Höherversicherungsbeiträgen beruht, besteht keine Versicherungspflicht in der Krankenversicherung der Rentner. Hier handelt es sich um eine Rente nach altem Recht. Heute gibt es keine Höherversicherungsbeiträge mehr.

Ein Rentenanspruch – wie ihn § 5 Abs. 1 Nr. 11 SGB V fordert – ist dann gegeben, wenn die Voraussetzungen für den Bezug einer Rente erfüllt sind. Für den Eintritt der Versicherungspflicht ist es nicht notwendig, dass die Rente tatsächlich ausgezahlt wird. Es ist ausreichend, wenn der Rentenanspruch dem Grunde nach besteht. Deshalb wird die Rentnerkrankenversicherung auch dann durchgeführt, wenn die Rente wegen Zusammentreffens mit einer anderen Rente oder wegen Einkommen tatsächlich nicht gezahlt wird.

Versicherungs- und Meldepflicht zur Krankenversicherung

„Krankenversicherung der Rentner"

Die Krankenversicherung der Rentner lässt sich wie folgt darstellen:

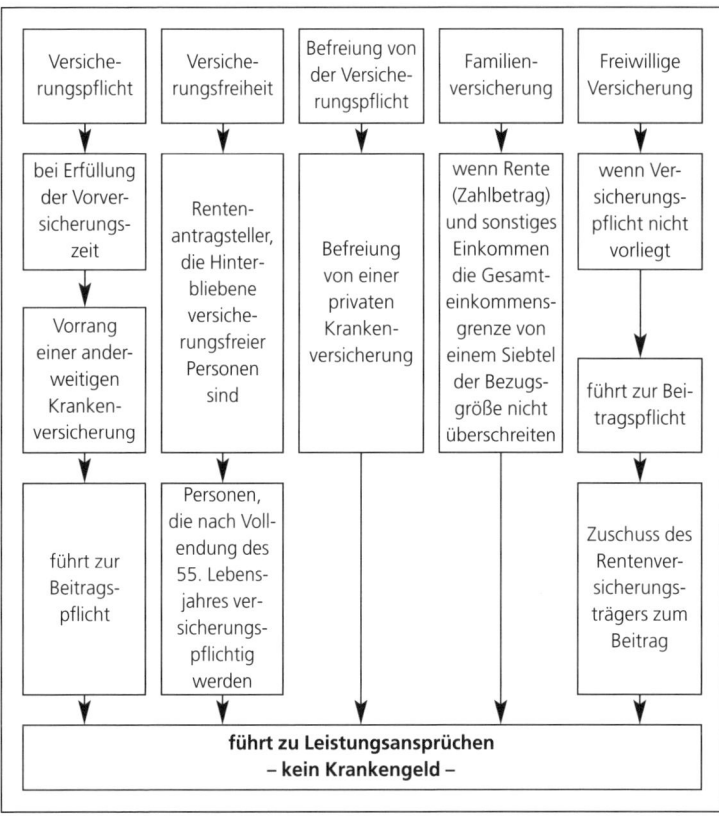

Versicherungspflicht

Die gesetzliche Krankenversicherung ist ursprünglich eine Versicherung der Arbeitnehmer. Im Laufe der Zeit sind aber verschiedene weitere Personenkreise als entsprechend schutzbedürftig eingestuft und in den Mitgliederkreis aufgenommen worden.

Dazu gehören auch Rentner. Hier werden zunächst die Personen angesprochen, die neben ihrer Rente keinerlei Beschäftigung nach-

Versicherungs- und Meldepflicht zur Krankenversicherung

1

„Krankenversicherung der Rentner" ... 10

Versicherungspflicht 10

Versicherungsfreiheit 21

Befreiung von
der Versicherungspflicht 22

Freiwillige Versicherung 25

Zuständige Krankenkasse 27

Beginn und Ende der Mitgliedschaft ... 32

Meldungen 36

Abkürzungen

Abs.	Absatz
AOK	Allgemeine Ortskrankenkasse
BKK	Betriebskrankenkasse
BSG	Bundessozialgericht
BVG	Bundesversorgungsgesetz
D-Arzt	Durchgangsarzt
DDR	Deutsche Demokratische Republik
Ersk.	Ersatzkasse
EU	Europäische Union
EWR	Europäischer Wirtschaftsraum
GdB	Grad der Behinderung
IKK	Innungskrankenkasse
LSG	Landessozialgericht
MdE	Minderung der Erwerbsfähigkeit
MDK	Medizinischer Dienst der Krankenversicherung
Nr.	Nummer
SG	Sozialgericht
SGB	Sozialgesetzbuch
SGB II	Sozialgesetzbuch – Zweites Buch (Grundsicherung für Arbeitsuchende)
SGB III	Sozialgesetzbuch – Drittes Buch (Arbeitsförderung)
SGB V	Sozialgesetzbuch – Fünftes Buch (Gesetzliche Krankenversicherung)
SGB VI	Sozialgesetzbuch – Sechstes Buch (Gesetzliche Rentenversicherung)
SGB VII	Sozialgesetzbuch – Siebtes Buch (Gesetzliche Unfallversicherung)
SGB IX	Sozialgesetzbuch – Neuntes Buch (Rehabilitation und Teilhabe behinderter Menschen)
SGB X	Sozialgesetzbuch – Zehntes Buch (Sozialverwaltungsverfahren und Sozialdatenschutz)
SGB XI	Sozialgesetzbuch – Elftes Buch (Soziale Pflegeversicherung)
SGG	Sozialgerichtsgesetz

Vorwort

Aufgrund der Altersstruktur in der Bundesrepublik Deutschland nimmt die Zahl der Rentenantragsteller und Rentenempfänger ständig zu. Dies führt dazu, dass die einzelnen Sozialversicherungszweige, insbesondere die Kranken- und Pflegeversicherung, immer mehr mit diesem Personenkreis zu tun haben.

Rentenantragsteller und Rentner haben Ansprüche gegenüber den einzelnen Sozialversicherungzweigen: Das gilt nicht nur hinsichtlich der Kranken- und Pflegeversicherung, sondern auch in Bezug auf die anderen Versicherungszweige, also die Renten-, Unfall- und Arbeitslosenversicherung.

Das vorliegende Buch soll über die einzelnen Ansprüche und ihre Voraussetzungen sowie über die Bedingungen informieren, unter denen Rentner zu den einzelnen Versicherungszweigen gehören.

Hier kommt der gesetzlichen Kranken- und auch der Pflegeversicherung natürlich eine besondere Bedeutung zu. Beide Versicherungszweige schützen nicht nur den Rentner selbst, sondern auch seine mitversicherten Familienangehörigen. Naturgemäß werden beide Versicherungszweige von dem angesprochenen Personenkreis in der Regel häufiger in Anspruch genommen, als dies beispielsweise bei Arbeitnehmern der Fall ist. Umso wichtiger ist es für die betreffenden Personen, über ihre Leistungsansprüche und deren Voraussetzungen informiert zu sein.

Horst Marburger

Schnellübersicht

6 Rentenversicherung 151

7 Arbeitslosenversicherung 163

Findex 168

Nutzen Sie das Inhaltsmenü:
Die Schnellübersicht führt Sie zu Ihrem Thema.
Die Kapitelüberschriften führen Sie zur Lösung.

Vorwort 7

Abkürzungen................... 8

1 Versicherungs- und Meldepflicht zur Krankenversicherung 9

2 Beitragspflicht zur Krankenversicherung 39

3 Leistungsansprüche gegen Krankenkassen 61

4 Pflegeversicherung 119

5 Unfallversicherung 137

Bibliografische Information Der Deutschen Bibliothek
Die Deutsche Bibliothek verzeichnet diese Publikation in der Deutschen Nationalbibliografie;
detaillierte bibliografische Daten sind im Internet über http://dnb.ddb.de abrufbar.

Zitiervorschlag:
Marburger, Horst: Als Rentner alle Ansprüche voll ausschöpfen
Walhalla Fachverlag, Regensburg, Berlin 2006

Hinweis: Unsere Werke sind stets bemüht, Sie nach bestem Wissen zu informieren.
Die vorliegende Ausgabe beruht auf dem Stand von Oktober 2006. Sollten Sie Fragen haben,
wenden Sie sich bitte an den jeweils zuständigen Leistungsträger.

© Walhalla u. Praetoria Verlag GmbH & Co. KG, Regensburg/Berlin
Alle Rechte, insbesondere das Recht der Vervielfältigung und Verbreitung
sowie der Übersetzung, vorbehalten. Kein Teil des Werkes darf in irgendeiner Form
(durch Fotokopie, Datenübertragung oder ein anderes Verfahren) ohne schriftliche
Genehmigung des Verlages reproduziert oder unter Verwendung elektronischer
Systeme gespeichert, verarbeitet, vervielfältigt oder verbreitet werden.
Produktion: Walhalla Fachverlag, 93042 Regensburg
Umschlaggestaltung: Gruber & König, Augsburg
Druck und Bindung: Westermann Druck Zwickau GmbH
Printed in Germany
ISBN 978-3-8029-3398-1

Horst Marburger

Als Rentner alle Ansprüche voll ausschöpfen

Kranken-, Pflege-, Unfall- und Rentenversicherung

Weiterführend empfehlen wir:

Früher in Rente
ISBN 978-3-8029-3605-0

**Kassenleistungen
voll ausschöpfen**
ISBN 978-3-8029-3758-3

**Patientenverfügung und
andere Vorsorgemöglichkeiten**
ISBN 978-3-8029-3774-3

Das aktuelle Erbrecht
ISBN 978-3-8029-3525-1

**Die neue Renten- und
Pensionsbesteuerung**
ISBN 978-3-8029-3791-0

**Wie bekomme ich einen
Schwerbehindertenausweis?**
ISBN 978-3-8029-3347-9

**Der aktuelle Steuerratgeber für
Rentner und Ruhestandsbeamte**
ISBN 978-3-8029-3798-9

Wir freuen uns über Ihr Interesse an diesem Buch. Gerne stellen wir Ihnen zusätzliche Informationen zu diesem Programmsegment zur Verfügung.

Bitte sprechen Sie uns an:

E-Mail: WALHALLA@WALHALLA.de
http://www.WALHALLA.de

Walhalla Fachverlag · Haus an der Eisernen Brücke · 93042 Regensburg
Telefon (0941) 5684-0 · Telefax (0941) 5684-111

Versicherungspflicht

rung muss in der Zeit zwischen der erstmaligen Aufnahme einer Erwerbstätigkeit und der Rentenantragstellung erfüllt sein (Rahmenfrist).

Neun Zehntel der zweiten Hälfte dieses Zeitraumes muss durch eine Mitgliedschaft oder eine Familienversicherung bei einer gesetzlichen Krankenkasse belegt sein. Den Mitgliedschaftszeiten stehen unter bestimmten Voraussetzungen bis zum 31.12.1988 die Zeiten einer Ehe mit einem Mitglied der gesetzlichen Krankenversicherung gleich.

Wichtig: Bei Hinterbliebenen gilt die Vorversicherungszeit auch dann als erfüllt, wenn der Verstorbene diese erfüllt hatte.

> **Praxis-Tipp:**
>
> Beachten Sie, dass Sie bei der Rentenantragstellung auch eine Meldung für die Krankenkasse ausfüllen müssen. Dort werden Fragen gestellt, die sich auf die Vorversicherungszeit beziehen. Beachten Sie die geforderten Angaben korrekt, vermeiden Sie dadurch Rückfragen der Krankenkasse.

Die Rahmenfrist beginnt – wie bereits erwähnt – mit dem Tag der erstmaligen Aufnahme einer Erwerbstätigkeit. Sie endet mit dem Tag der Rentenantragstellung. Letzteres gilt auch dann, wenn die Krankenversicherung der Rentner zunächst nicht wirksam wird. Beispielsweise ist dies möglich, wenn zum Zeitpunkt der Antragstellung eine Versicherungspflicht aufgrund einer Beschäftigung besteht. Hier handelt es sich um eine Vorrangversicherung (siehe Seite 33).

Bei Personen, die wegen ihrer Behinderung eine Erwerbstätigkeit nicht ausüben konnten, gilt der Eintritt der Versicherungspflicht als behinderte Menschen als erstmalige Aufnahme einer Erwerbstätigkeit.

Die Spitzenverbände der Krankenkassen und die Deutsche Rentenversicherung Bund weisen in ihrem Gemeinsamen Rundschreiben vom 01.10.2005 zur Rentnerkrankenversicherung darauf hin, dass

Versicherungs- und Meldepflicht zur Krankenversicherung

dann, wenn eine Erwerbstätigkeit nicht aufgenommen wurde, als Beginn der Rahmenfrist folgende Tatbestände gelten:

- der Tag der Eheschließung
- wenn eine Ehe nicht bestand, die Vollendung des 18. Lebensjahres
- bei minderjährigen Waisen der Tag der Geburt

Beispiel:

Rentenantragstellung am	19.08.2006
Erstmalige Aufnahme einer Erwerbstätigkeit am	01.03.1963
Rahmenfrist beginnt am	01.03.1963
und endet am	19.08.2006

Maßgebend ist – wie erwähnt – die Belegung in der zweiten Hälfte der Rahmenfrist. Diese ist in Jahre, Monate und Tage umzurechnen. Dabei werden volle Kalendermonate zu 30 und das Kalenderjahr zu 365 Tagen gerechnet.

Beispiel:

Rentenantrag am   21.10.2006
Erstmalige Aufnahme einer Erwerbstätigkeit am   01.02.1963
Ermittlung der Rahmenfrist: Vom 01.02.1963 bis 21.10.2006
Ermittlung des Beginns der zweiten Hälfte der Rahmenfrist:

Tage	Monate	Jahre	
21.	10.	2006	
./. 01.	02.	1963	
= 21 (20+01)	08	43	
= 21	20	42	: 2 (Umwandlung)
= 11 *)	10	21	
+ 01.	02.	1963	(Datum der erstmaligen Aufnahme einer Erwerbstätigkeit)
= 12.	12.	1984	Beginn der zweiten Hälfte der Rahmenfrist

*) Rundung zu Gunsten des Versicherten

Versicherungspflicht

> Ermittlung der erforderlichen Vorversicherungszeit:
>
> | Tage | Monate | Jahre | |
> |---|---|---|---|
> | 21. | 10. | 2005 | |
> | 21. | 22. | 2004 | (Umwandlung) |
> | ./. 12. | 12. | 1983 | |
> | = 10 (09+01) | 10 | 21 | |
>
> Hiervon 9/10 lt. Tabelle:
>
> | | | | |
> |---|---|---|---|
> | 21 Jahre | = 18 Jahre | 10 Monate | 29 Tage |
> | 10 Monate | = – Jahre | 9 Monate | – Tage |
> | 10 Tage | = – Jahre | – Monate | 9 Tage |
> | | 18 Jahre | 19 Monate | 38 Tage |
> | | 19 Jahre | 8 Monate | 8 Tage |
>
> **Ergebnis:**
>
> Erforderliche Vorversicherungszeit = 19 Jahre 8 Monate 8 Tage
>
> Der Rentenantragsteller muss in der Zeit vom 12.12.1984 bis 21.10.2006 mindestens 19 Jahre, 8 Monate 8 Tage anrechenbare Versicherungszeiten nachweisen.

Die Spitzenverbände der Krankenkassen und die Deutsche Rentenversicherung Bund haben als Anhang zu ihrem Gemeinsamen Bundschreiben vom 01.10.2005 eine Tabelle entwickelt, die bei Berechnung der Neun-Zehntel-Belegung hilfreich sein kann:

Tabelle zur Ermittlung der Neun-Zehntel-Belegung nach § 5 Absatz 1 Nr. 11 SGB V

Jahre (= J)		Monate (= M)		Tage (= T)	
Vers.-zeit	9/10	Vers.-zeit	9/10	Vers.-zeit	9/10
1 J	0 J 10 M 29 T	1 M	0 M 27 T	1 T	1 T
2 J	1 J 9 M 22 T	2 M	1 M 24 T	2 T	2 T
3 J	2 J 8 M 16 T	3 M	2 M 21 T	3 T	3 T
4 J	3 J 7 M 9 T	4 M	3 M 18 T	4 T	4 T

Versicherungs- und Meldepflicht zur Krankenversicherung

noch: Tabelle zur Ermittlung der Neun-Zehntel-Belegung nach § 5 Absatz 1 Nr. 11 SGB V

5 J	4 J 6 M 3 T	5 M	4 M 15 T	5 T	5 T
6 J	5 J 4 M 26 T	6 M	5 M 12 T	6 T	6 T
7 J	6 J 3 M 20 T	7 M	6 M 9 T	7 T	7 T
8 J	7 J 2 M 13 T	8 M	7 M 6 T	8 T	8 T
9 J	8 J 1 M 7 T	9 M	8 M 3 T	9 T	9 T
10 J	9 J 0 M 0 T	10 M	9 M 0 T	10 T	9 T
11 J	9 J 10 M 29 T	11 M	9 M 27 T	11 T	10 T
12 J	10 J 9 M 22 T	12 M	10 M 24 T	12 T	11 T
13 J	11 J 8 M 16 T			13 T	12 T
14 J	12 J 7 M 9 T			14 T	13 T
15 J	13 J 6 M 3 T			15 T	14 T
16 J	14 J 4 M 26 T			16 T	15 T
17 J	15 J 3 M 20 T			17 T	16 T
18 J	16 J 2 M 13 T			18 T	17 T
19 J	17 J 1 M 7 T			19 T	18 T
20 J	18 J 0 M 0 T			20 T	18 T
21 J	18 J 10 M 29 T			21 T	19 T
22 J	19 J 9 M 22 T			22 T	20 T
23 J	20 J 8 M 16 T			23 T	21 T
24 J	21 J 7 M 9 T			24 T	22 T
25 J	22 J 6 M 3 T			25 T	23 T
				26 T	24 T
				27 T	25 T
				28 T	26 T
				29 T	27 T
				30 T	27 T

Als Vorversicherungszeit sind alle Zeiten der Versicherung bei einer Krankenkasse innerhalb der zweiten Hälfte der Rahmenfrist zu berücksichtigen. Dabei ist gleichgültig, welche Art von Versicherung vorlag:

- eine Pflichtversicherung
- eine freiwillige Versicherung (siehe Seite 25)
- eine Familienversicherung (siehe Seite 108)

Versicherungspflicht

Wichtig: Bei der Prüfung der Vorversicherungszeit sind die beim Träger der Sozialversicherung im Beitrittsgebiet (bis 31.12.1990) zurückgelegten Versicherungszeiten den Zeiten einer Pflichtversicherung in der gesetzlichen Krankenversicherung gleichgestellt. Dies gilt auch für Zeiten in der Freiwilligen Krankheitskostenversicherung der ehemaligen Staatlichen Versicherung der DDR oder in einem Sonderversorgungssystem.

Wie auf Seite 13 bereits erwähnt, werden Mitgliedszeiten bis zum 31.12.1988 Zeiten der Ehe mit einem Mitglied der gesetzlichen Krankenversicherung gleichgestellt.

Achtung: Ehezeiten, in denen der Rentenantragsteller mehr als nur geringfügig beschäftigt oder selbständig tätig war, werden nicht berücksichtigt.

Auch ausländische Versicherungszeiten können berücksichtigt werden. Dies ist dann der Fall, wenn diese Zeiten durch überstaatliches Recht oder durch ein zwischenstaatliches Sozialversicherungsabkommen gleichgestellt sind. Eine solche Gleichstellung ergibt sich aus dem Sozialrecht der Europäischen Union, dem so genannten Rheinschiffer-Übereinkommen sowie aus einigen Sozialversicherungsabkommen mit anderen Staaten.

Das EU-Recht gilt außer in Deutschland in folgenden Staaten: Belgien, Dänemark, Estland, Finnland, Frankreich, Griechenland, Großbritannien und Nordirland, Irland, Island, Italien, Lettland, Liechtenstein, Litauen, Luxemburg, Malta, Niederlande, Norwegen, Österreich, Polen, Portugal, Schweden, Schweiz, Slowakei, Slowenien, Spanien, Tschechien, Uganda und Zypern (griechischer Teil).

Die Zeiten in der Schweiz werden seit 01.06.2002 aufgrund des Freizügigkeitsabkommens zwischen der EG und der Schweiz angerechnet. In den am 01.05.2004 in die EU eingetretenen zehn Staaten können lediglich Zeiten ab dem genannten Zeitpunkt berücksichtigt werden. Island, Liechtenstein und Norwegen sind keine Mitgliedsstaaten der EU. Das Sozialrecht der EU gilt in diesen Ländern wegen ihrer Zugehörigkeit zum Europäischen Wirtschaftsraum (EWR).

Versicherungs- und Meldepflicht zur Krankenversicherung

Einige Sozialversicherungsabkommen enthalten Regelungen über die Zusammenrechnung von deutschen mit ausländischen Zeiten: Kroatien, Mazedonien (seit 01.01.2005), Tunesien und Türkei. Diese gelten allerdings nur im Verhältnis zu Kroatien und Mazedonien unabhängig von der Staatsangehörigkeit des Rentners.

Rentner, die ihren gewöhnlichen Aufenthalt in Deutschland haben und aufgrund eines Rentenanspruchs, der bis zum 31.12.1995 entstanden ist, eine Rente nach der Verordnung vom 03.04.1991 in Verbindung mit einem Sozialversicherungsvertrag der früheren DDR beziehen, sind für die Dauer dieses Rentenbezuges und von Nachfolgerenten Pflichtmitglied der Rentnerkrankenversicherung. Auf die Erfüllung der Vorversicherungszeit kommt es hier nicht an.

Selbständige künstlerische oder publizistische Tätigkeiten

§ 5 Abs. 1 Nr. 11a SGB V sieht vor, dass Personen, die eine selbständige künstlerische oder publizistische Tätigkeit vor dem 01.01.1983 aufgenommen haben, versicherungspflichtig in der gesetzlichen Krankenversicherung sind. Bedingung ist aber, dass sie die Voraussetzungen für den Anspruch auf eine Rente aus der gesetzlichen Rentenversicherung erfüllen und diese Rente beantragt haben.

Außerdem ist erforderlich, dass sie mindestens neun Zehntel des Zeitraums zwischen dem 01.01.1985 und der Stellung des Rentenantrags nach dem Künstlersozialversicherungsgesetz in der gesetzlichen Krankenversicherung versichert waren. Für Personen, die am 03.10.1990 ihren Wohnsitz im Beitrittsgebiet hatten, ist anstelle des 01.01.1985 der 01.01.1992 maßgebend.

Für diesen Personenkreis sind ausschließlich Pflichtmitgliedszeiten nach dem Künstlersozialversicherungsgesetz anrechenbar.

Spätaussiedler und Verfolgte

§ 5 Abs. 1 Nr. 12 SGB V sieht eine Sonderregelung für bestimmte Personenkreise vor. Diese müssen nämlich die Vorversicherungszeit nicht erfüllen, um versicherungspflichtig in der gesetzlichen Krankenversicherung zu werden.

Versicherungspflicht

Es handelt sich um:

- anerkannte Spätaussiedler
- deutschsprachige Angehörige des Judentums
- vertriebene Verfolgte

Weitere Voraussetzung ist die Wohnsitzverlegung innerhalb der letzten zehn Jahre vor der Rentenantragstellung in das Bundesgebiet.

Beim Antrag auf Hinterbliebenenrente gelten die Voraussetzungen des § 5 Abs. 1 Nr. 12 SGB V als erfüllt, wenn die Voraussetzungen beim Verstorbenen vorlagen.

Sind die Voraussetzungen zur Durchführung einer Pflichtversicherung in der Rentnerkrankenversicherung bisher nicht, sondern erst durch den Hinzutritt einer weiteren Rente erfüllt, beginnt die Rentnerkrankenversicherung bereits mit dem Tag der Rentenantragstellung.

Beispiel:

Rente aus eigener Versicherung seit 01.09.2001
→ Vorversicherungszeit nicht erfüllt
Antrag auf Hinterbliebenenrente am 25.08.2006
→ Vorversicherungszeit durch Verstorbenen erfüllt

Ergebnis:

Die Pflichtversicherung in der Krankenversicherung der Rentner beginnt am 25.08.2006. Ab diesem Zeitpunkt sind auch aus der bereits bewilligten Rente Pflichtbeiträge zu erheben (siehe Seite 40).

Ausschluss der Versicherungspflicht

In der Krankenversicherung der Rentner wird nicht pflichtversichert, wer

- hauptberuflich selbständig erwerbstätig ist
- kraft Gesetzes familienversichert ist (siehe Seite 108)
- nach bestimmten Vorschriften versicherungspflichtig ist

Wer versicherungspflichtig ist, regelt § 5 SGB V Nummer 1 bis 8 (siehe nachfolgende Übersicht):

Versicherungs- und Meldepflicht zur Krankenversicherung

Versicherungspflichtig sind:

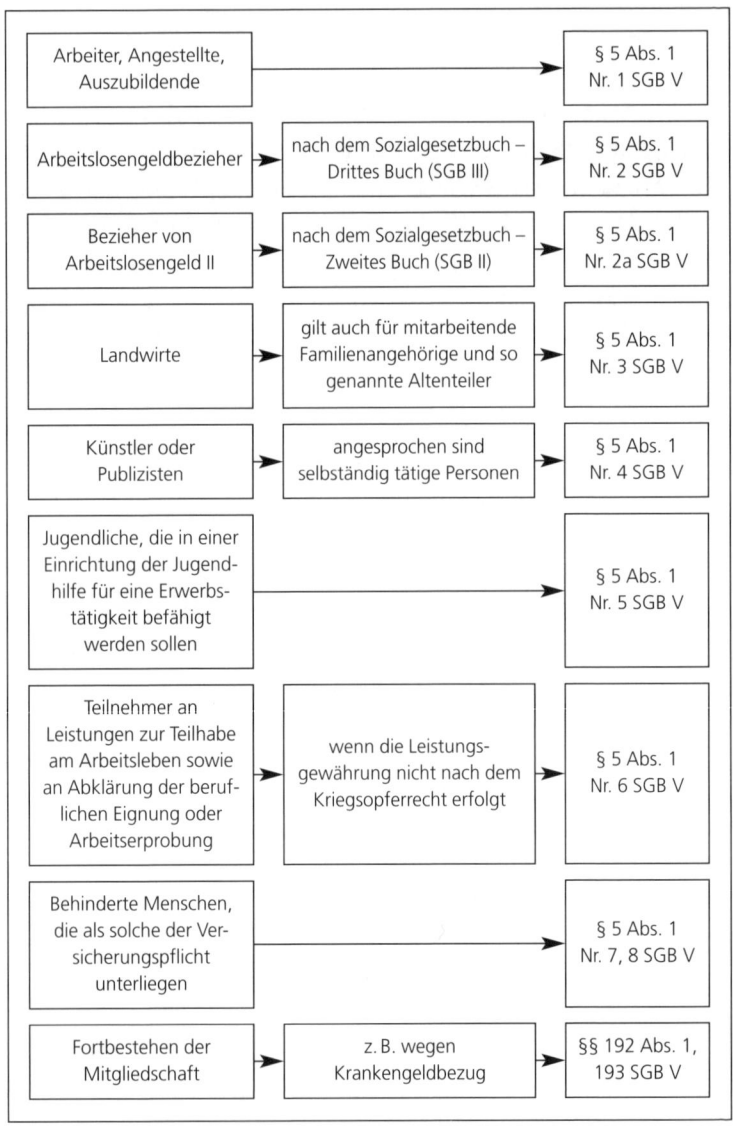

Versicherungsfreiheit

§ 6 SGB V zählt verschiedene Personengruppen auf, die in der gesetzlichen Krankenversicherung versicherungsfrei sind. Dazu gehören beispielsweise Beamte, Richter sowie Zeit- und Berufssoldaten. Ferner sind hier Geistliche und Lehrer an privaten genehmigten Ersatzschulen angesprochen.

Solange ein Rentenantragsteller oder Rentner zu einer dieser Personengruppen gehört, ist er krankenversicherungsfrei. Das gilt auch für Hinterbliebene dieser Personen, wenn sie ihren Rentenanspruch nur aus der Versicherung dieser Personen ableiten und nach beamtenrechtlichen Vorschriften oder Grundsätzen bei Krankheit Anspruch auf Beihilfe haben.

Wichtig: Personen sind versicherungsfrei, die nach dem 55. Lebensjahr versicherungspflichtig werden. Voraussetzung ist, dass sie in den letzten fünf Jahren vor Eintritt der Versicherungspflicht nicht gesetzlich versichert waren. Die Regelung gilt lediglich nicht für Bezieher von Arbeitslosengeld II. Sie ist aber auf Rentner anzuwenden, auch wenn sie beispielsweise die Vorversicherungszeit (siehe Seite 12) erfüllt haben.

Beispiel:

Hinterbliebenenrentenantrag am → Vorversicherungszeit ist über den Verstorbenen erfüllt	19.08.2006
Die 1944 geborene Hinterbliebene war aufgrund einer hauptberuflich selbständigen Tätigkeit privat krankenversichert seit	01.04.1995

Ergebnis:

Durch den Rentenantrag tritt ab dem 19.08.2006 grundsätzlich eine Pflichtmitgliedschaft in der Rentnerkrankenversicherung

Versicherungs- und Meldepflicht zur Krankenversicherung

> ein. Da die Hinterbliebene jedoch das 55. Lebensjahr vollendet hat, innerhalb der letzten fünf Jahre vor Beginn der Versicherungspflicht (19.08.2001 bis 18.08.2006) nicht gesetzlich krankenversichert und wenigstens die Hälfte dieser Zeit nicht versicherungspflichtig war, besteht Versicherungsfreiheit.

Befreiung von der Versicherungspflicht

§ 8 SGB V zählt einige Tatbestände auf, bei deren Vorliegen der Rentenantragsteller beziehungsweise Rentner sich von der Versicherungspflicht in der Krankenversicherung der Rentner auf Antrag befreien lassen kann.

Danach wird auf Antrag von der Versicherungspflicht befreit, wer versicherungspflichtig wird durch:

- den Antrag auf Rente
- den Bezug von Rente

Es handelt sich hier insbesondere um Personen, die privat krankenversichert sind und dies auch bleiben wollen.

> **Praxis-Tipp:**
> Prüfen Sie, bevor Sie einen Antrag auf Befreiung von der Versicherungspflicht stellen, genau, ob eine Versicherung in der gesetzlichen Krankenkasse nicht günstiger, insbesondere preisgünstiger für Sie wäre.

Der Antrag auf Befreiung ist innerhalb von drei Monaten nach Beginn der Versicherungspflicht zu stellen. Der Tag des Beginns der Versicherungspflicht ist nicht in die Frist einzubeziehen. Die Frist endet mit dem Ablauf des Tages des Folgemonats, der seiner Zahl nach dem Ereignistag entspricht.

Befreiung von der Versicherungspflicht

Beispiel:

Rentenantrag am	17.08.2006
Beginn der Versicherungspflicht am	17.08.2006
Beginn der Antragsfrist am	18.08.2006
Ende der Antragsfrist am	17.11.2006

Der Antrag auf Befreiung ist an die zuständige Krankenkasse zu richten. Zuständig ist die Krankenkasse, bei der zur Zeit der Rentenantragstellung eine gesetzliche Krankenversicherung besteht.

Besteht zur Zeit der Rentenantragstellung keine Krankenversicherung, ist der Antrag an die Krankenkasse zu richten, die zuletzt eine Versicherung durchgeführt hat. Ergibt sich danach keine Zuständigkeit, müssen Sie eine bestimmte Krankenkasse wählen. Diese ist dann für die Beurteilung des Befreiungsantrages zuständig.

Wichtig: Der Antrag auf Befreiung von der Versicherungspflicht ist auch dann fristgerecht gestellt, wenn er innerhalb der Drei-Monats-Frist bei einer unzuständigen Stelle – zum Beispiel beim Rentenversicherungsträger – eingeht.

Die Entscheidung der zuständigen Krankenkasse ist dem Rentner schriftlich mitzuteilen.

Die Befreiung wirkt allerdings nur dann vom Beginn der Krankenversicherung der Rentner an, wenn seit ihrem Beginn noch keine Leistungen gewährt worden sind. Hat der Befreiungsberechtigte für sich oder haben seine familienversicherten Angehörigen bereits Leistungen in Anspruch genommen, wirkt die Befreiung vom Beginn des Kalendermonats an, der auf die Antragstellung folgt.

Beispiel:

Jemand stellt einen Rentenantrag am	07.08.2006
An diesem Tag beginnt die Mitgliedschaft als Rentenantragsteller.	

Versicherungs- und Meldepflicht zur Krankenversicherung

> Der Betreffende stellt einen Antrag auf Befreiung
> von der Versicherungspflicht am 05.11.2006
> Der bisher familienversicherte Sohn des Rentenantragstellers hat am 26.09.2006 eine Leistung auf Rechnung der Krankenkasse erhalten.
>
> **Ergebnis:**
> Beginn der Antragsfrist am 08.08.2006
> Ende der Antragsfrist am 07.11.2006
> Die Befreiung wirkt vom 01.12.2006

Wichtig: Nach ausdrücklicher Vorschrift in § 8 Abs. 2 SGB V kann die Befreiung von der Versicherungspflicht in der Rentnerkrankenversicherung nicht widerrufen werden.

Die Befreiung gilt also für die Dauer des Rentenverfahrens beziehungsweise des Rentenbezuges. Sie wirkt auch weiter, wenn beispielsweise im Anschluss an eine Rente wegen verminderter Erwerbsfähigkeit eine Altersrente gezahlt wird.

Bezieht ein von der Versicherungspflicht in der Krankenversicherung der Rentner befreiter Rentner eine weitere Rente, dann gilt die zu der ersten Rente ausgesprochene Befreiung auch für die zweite Rente.

> **Beispiel:**
> Zu einer Altersrente tritt eine Witwenrente hinzu.

Unterbrechungen in der Rentenzahlung haben keine Auswirkung auf den Befreiungstatbestand. Insoweit muss auch nicht unterschieden werden, ob im Anschluss an die Unterbrechung dieselbe Rente weitergezahlt oder wieder gewährt wird.

Die Befreiung von der Rentnerkrankenversicherung schließt auch die Versicherungspflicht nach anderen gesetzlichen Vorschriften aus. Übt beispielsweise ein von der Versicherungspflicht befreiter Rentner eine Beschäftigung aus, tritt die Versicherungspflicht zur gesetzlichen Krankenversicherung aufgrund der Beschäftigung erst nach Wegfall der Rente ein.

Allerdings gilt Vorstehendes nicht für eine Versicherungspflicht als

- Bezieher von Arbeitslosengeld oder Unterhaltsgeld
- Bezieher von Arbeitslosengeld II
- Landwirte, die mitarbeitenden Familienangehörigen und Altenteiler
- selbständige Künstler und Publizisten

Freiwillige Versicherung

Die freiwillige Versicherung in der gesetzlichen Krankenversicherung ist in § 9 SGB V geregelt. In erster Linie geht es darum, dass die Versicherung nach dem Ausscheiden aus ihr freiwillig fortgesetzt wird.

Beispiel:

Jemand scheidet am 31.08. aus der Versicherungspflicht als Arbeitnehmer aus. Er ist ab 01.09. Rentenbezieher. Aufgrund des Rentenbezuges wird er aber nicht pflichtversichert, weil er nicht die Vorversicherungszeit erfüllt hat (siehe Seite 12).

Ergebnis:

Der Rentner kann unter bestimmten Voraussetzungen freiwilliges Mitglied in der gesetzlichen Krankenversicherung bleiben.

Voraussetzungen sind:

- Ausscheiden aus der Versicherungspflicht (wie im Beispiel beschrieben)
- Erfüllung einer Vorversicherungszeit, die aber ganz anders strukturiert ist als die Vorversicherungszeit für Rentner

Versicherungs- und Meldepflicht zur Krankenversicherung

> Der Betreffende muss nämlich in den letzten fünf Jahren vor dem Ausscheiden mindestens 24 Monate oder unmittelbar vor dem Ausscheiden mindestens zwölf Monate versichert gewesen sein.

Die Zeit einer Mitgliedschaft als Rentenantragsteller wird dabei nicht berücksichtigt. Ausnahme: Die Mitgliedschaft als Rentenantragsteller hat eine Familienversicherung verdrängt.

Freiwillig versichern kann sich aber auch ein bisher Familienversicherter, der nunmehr eine Rente bezieht. Hier ist allerdings zu beachten, dass er familienversichert bleibt, wenn sein Gesamteinkommen (das beispielsweise allein in einer Rente bestehen kann) monatlich ein Siebtel der Bezugsgröße nicht überschreitet. 2006 sind hier 350 Euro maßgebend.

Wichtig: Bei Renten wird als Gesamteinkommen der Zahlbetrag der Rente berücksichtigt. Lediglich der Teil der Rente, der auf Entgeltpunkte für Kindererziehungszeiten entfällt, wird nicht herangezogen.

> **Praxis-Tipp:**
>
> Welcher Teil der Rente hier anrechnungsfrei ist, ergibt sich aus dem Rentenbescheid. Selbstverständlich ist es auch möglich, sich in dieser Hinsicht vom Rentenversicherungsträger beraten zu lassen.

Scheidet jemand aus der Familienversicherung aus, weil er eine Rente über dem genannten Betrag bezieht, kann er sich freiwillig versichern. Auch hier muss die oben genannte Vorversicherungszeit (Versicherungszeit von 24 Monaten in den letzten fünf Jahren vor dem Ausscheiden und unmittelbar vorher mindestens zwölf Monate) vorliegen.

Bezüglich der Vorversicherungszeiten ist zu beachten, dass die Vorversicherungszeit von 24 Monaten nicht zusammenhängend verlaufen muss, jedoch die Vorversicherungszeit von zwölf Monaten.

Die freiwillige Mitgliedschaft kann aus unterschiedlichen Gründen enden:

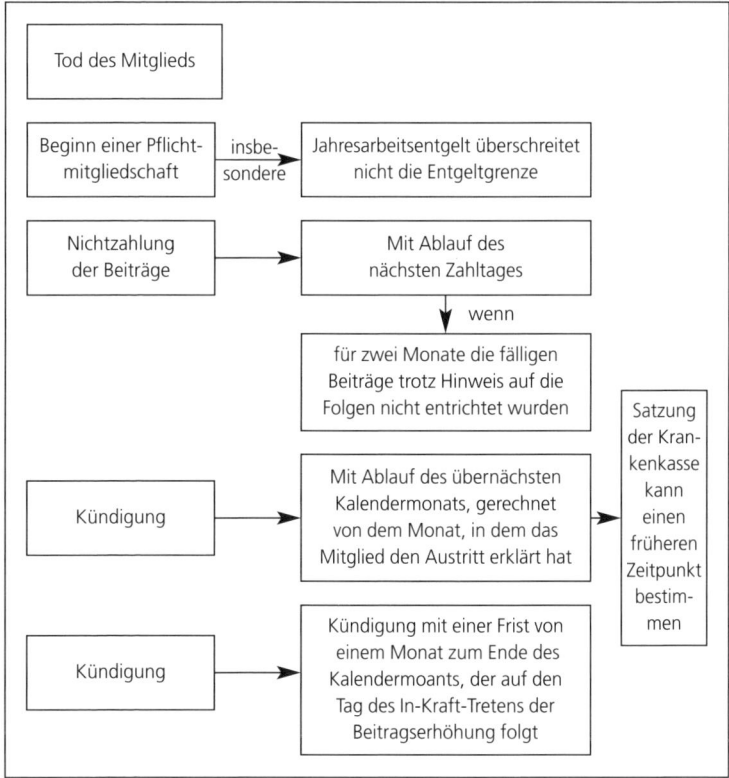

Zuständige Krankenkasse

Die zuständige Krankenkasse für die Durchführung der Rentnerkrankenversicherung wird im Allgemeinen nicht gesetzlich vorgeschrieben. Vielmehr hat der Versicherte ein Wahlrecht unter sehr vielen Krankenkassen.

Rechtsgrundlage ist hier § 173 SGB V. Die Vorschrift gilt sowohl für pflichtversicherte als auch für freiwillig versicherte Personen.

Versicherungs- und Meldepflicht zur Krankenversicherung

Ausnahmen von der Wahlfreiheit gelten für Versicherte der Krankenversicherung der Landwirte und der Künstlersozialversicherung.

Danach können Versicherungspflichtige und Versicherungsberechtigte eine der folgenden Krankenkassen wählen:

- die Ortskrankenkasse (AOK) des Beschäftigungs- oder Wohnorts

- jede Ersatzkasse (Ersk.), deren Zuständigkeit sich nach der Satzung auf den Beschäftigungs- oder Wohnort erstreckt

- die Betriebs- oder Innungskrankenkasse (BKK oder IKK), wenn der Betreffende in dem Betrieb beschäftigt ist, für den die BKK oder IKK besteht

- die BKK oder IKK, wenn die Satzung der betreffenden Krankenkasse dies vorsieht – hier wird von der geöffneten BKK oder IKK gesprochen

- die Krankenkasse, bei der vor Beginn der Versicherungspflicht oder Versicherungsberechtigung zuletzt eine Mitgliedschaft oder eine Familienversicherung bestanden hat

- die Krankenkasse, bei der der Ehegatte versichert ist

Hinsichtlich der zuletzt aufgeführten Möglichkeit ist zu beachten, dass immer dann, wenn beide Ehegatten Mitglieder verschiedener Krankenkassen sind, die Mitgliedschaft bei der Krankenkasse des anderen Ehegatten gewählt werden kann. Wechselt der Ehegatte die Krankenkasse, kann der Rentner/Rentenantragsteller ihm folgen.

Außer den vorstehend aufgeführten Krankenkassen können versicherungspflichtige Rentner und Rentenantragsteller zusätzlich die Krankenkasse wählen, bei der ein Elternteil versichert ist. Dabei kommt es auf die Art der Versicherung nicht an.

Versicherte Rentner können im Übrigen zusätzlich die BKK oder IKK wählen, wenn sie früher in einem Betrieb beschäftigt gewesen sind, für den eine BKK oder IKK besteht.

Zuständige Krankenkasse

Unter bestimmten Voraussetzungen sind die See-Krankenkasse oder die Knappschaft für die Durchführung der Versicherung zuständig. Maßgebend ist hier die Deutsche Rentenversicherung Knappschaft-Bahn-See unter dem Namen See-Krankenkasse oder Knappschaft.

Die bei den landwirtschaftlichen Krankenkassen Pflichtversicherten, die eine Rente aus der gesetzlichen Rentenversicherung beantragt haben oder eine solche Rente beziehen, werden (weiterhin) kraft Gesetzes bei diesen Krankenkassen versichert. Ein Wahlrecht zu einer nichtlandwirtschaftlichen Krankenkasse besteht nicht.

Ausübung des Wahlrechts

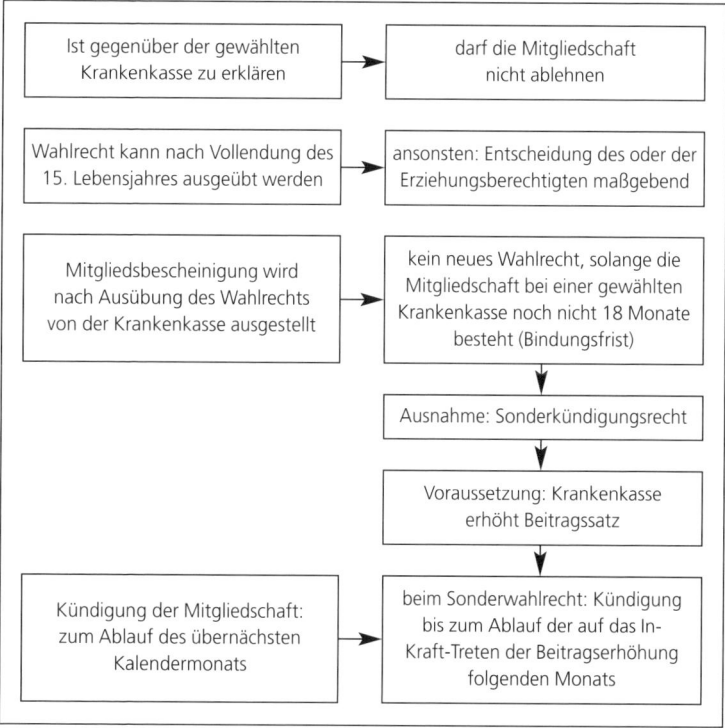

Versicherungs- und Meldepflicht zur Krankenversicherung

Wichtig: Ein Rentenantragsteller oder Rentner kann der bisherigen Krankenkasse nicht kündigen, wenn die 18-monatige Bindungsfrist nicht abgelaufen ist.

Beispiel:

Krankenkassenwechsel als freiwilliges Mitglied zur Krankenkasse A zum	01.03.2006
Rentenantrag und gleichzeitige Wahl der Krankenkasse B am	13.08.2006
Beschäftigungsverhältnis endet am	31.09.2006
Rentenbeginn am	01.10.2006

Ergebnis:

Ein Krankenkassenwechsel zur Krankenkasse B ab 01.09.2006 ist nicht möglich, da die 18-monatige Bindungsfrist zur Krankenkasse A (bis 31.08.2007) noch nicht erfüllt ist.

Wie in dem Schaubild auf Seite 29 ausgeführt, kann die Krankenkasse lediglich dann gewechselt werden, wenn der Rentner oder Rentenantragsteller die Mitgliedschaft bei seiner bisherigen Krankenkasse wirksam gekündigt hat.

Als Nachweis dient die von der bisherigen Krankenkasse innerhalb von 14 Tagen nach Eingang der Kündigung auszustellende Kündigungsbestätigung.

Die Kündigung der Mitgliedschaft ist zum Ablauf des übernächsten Kalendermonats möglich, gerechnet von dem Monat, in dem das Mitglied die Kündigung erklärt. Maßgebend ist das Datum des Eingangs der Kündigung bei der bisherigen Krankenkasse.

Beispiel:

Kündigung der seit 01.01.2005 bestehenden Mitgliedschaft am	07.08.2006
Kündigung zum	31.10.2006

Zuständige Krankenkasse

Ende der Bindungsfrist am 30.06.2006
Ausstellung der Kündigungsbestätigung am 09.08.2006

Ergebnis:

Der Krankenkassenwechsel vollzieht sich zum 01.11.2006, da die Mitgliedschaft fristgerecht gekündigt worden ist und die 18-monatige Bindungsfrist bereits am 30.06.2006 erfüllt war.

Wird vom Rentner oder Rentenantragsteller eine Kündigung für einen Zeitpunkt ausgesprochen, zu dem ein Krankenkassenwechsel noch nicht möglich ist, weil beispielsweise die Bindungsfrist noch nicht abgelaufen ist, hat die Krankenkasse die Kündigung in eine solche zum nächstmöglichen Zeitpunkt umzudeuten.

Beispiel:

Kündigung der seit 01.01.2006
bestehenden Mitgliedschaft am 09.12.2006
Kündigung zum 28.02.2007
Ende der Bindungsfrist am 30.06.2007

Ergebnis:

Ein Krankenkassenwechsel vollzieht sich nicht zum 01.03.2007, da die 18-monatige Bindungsfrist noch nicht erfüllt ist und die Kündigung nicht fristgerecht erklärt wurde. Trotzdem ist die Kündigung so umzudeuten, als wenn sie im Monat April 2007 ausgesprochen worden wäre, damit sich zum 01.07.2007 ein Krankenkassenwechsel vollziehen kann.

Wie im Schaubild auf Seite 29 erwähnt, gibt es ein Sonderkündigungsrecht. Dieses besteht dann, wenn eine Krankenkasse ihren allgemeinen Beitragssatz erhöht.

In einem solchen Fall muss die Kündigung bis zum Ablauf des Kalendermonats, der dem Monat folgt, zu dessen Beginn die Beitragssatzerhöhung wirksam wird, der Krankenkasse zugegangen sein. Der Krankenkassenwechsel vollzieht sich dann mit Ablauf des übernächsten Kalendermonats.

Versicherungs- und Meldepflicht zur Krankenversicherung

Beispiel:	
Beitragssatzerhöhung zum	01.08.2006
Ergebnis:	
Die Kündigung muss der Krankenkasse spätestens vorliegen bis zum	30.08.2006
Die Mitgliedschaft endet spätestens am	31.10.2006
Neue Mitgliedschaft ist nachzuweisen bis zum Ende der Kündigungsfrist am	31.10.2006

Die Spitzenverbände der Krankenkassen und die Deutsche Rentenversicherung Bund weisen in ihrem Gemeinsamen Rundschreiben vom 01.10.2005 zur Krankenversicherung der Rentner darauf hin, dass das Sonderkündigungsrecht zwar die Bindungswirkung aufhebt. Gleichzeitig löst es aber bei der neu gewählten Krankenkasse eine neue Bindungswirkung aus.

Beginn und Ende der Mitgliedschaft

Nach § 186 Abs. 9 SGB V beginnt die Mitgliedschaft versicherungspflichtiger Rentner mit dem Tag der Stellung des Rentenantrags.

Wird die Mitgliedschaft Versicherungspflichtiger zu einer Krankenkasse gekündigt (beachten Sie dazu bitte die obigen Ausführungen), beginnt die Mitgliedschaft bei der neugewählten Krankenkasse mit dem Tag nach Eintritt der Rechtswirksamkeit der Kündigung.

Wichtig: Es werden auch Personen Mitglied der Krankenkasse, die zwar einen Antrag auf Rentengewährung gestellt, jedoch keinen Rentenanspruch haben. Beispielsweise sind hier Personen zu erwähnen, die einen Antrag auf Rente wegen Erwerbsminderung stellen, deren Rentenantrag aber abgelehnt wird.

Rechtsgrundlage ist hier § 189 SGB V. Eine Mitgliedschaft entsteht nach dieser Vorschrift aufgrund einer Entscheidung des Bundessozialgerichts (BSG) dann nicht, wenn der Rentenanspruch ganz

Beginn und Ende der Mitgliedschaft

offensichtlicht nicht gegeben ist. Außerdem muss Grund zu der Annahme bestehen, dass der Antrag allein in der Absicht gestellt worden ist, eine Mitgliedschaft in der gesetzlichen Krankenversicherung zu erlangen.

Die Mitgliedschaft als Rentenantragsteller beginnt mit dem Tag der Stellung des Rentenantrags, und zwar um 0.00 Uhr.

Die Mitgliedschaft beginnt allerdings dann nicht mit dem Tag der Stellung des Rentenantrags, wenn zu diesem Zeitpunkt eine Vorrangversicherung, beispielsweise als Arbeitnehmer, besteht.

Die Mitgliedschaft als Rentenantragsteller endet mit dem Tag, von dem an Rente zugebilligt wird.

Die Mitgliedschaft als Rentenantragsteller endet darüber hinaus:

- mit dem Tod des Rentenantragstellers
- mit dem Tag, an dem der Rentenantrag zurückgenommen wird
- mit dem Tag, an dem die Ablehnung des Rentenantrages durch den Rentenversicherungsträger unanfechtbar wird

Bei Rücknahme des Rentenantrags kommt es darauf an, wann die entsprechende Erklärung des Rentenantragstellers beim Rentenversicherungsträger eingeht. Kommt es zur Rücknahme des Antrags während eines Sozialgerichtsverfahrens, wirkt sie mit der Annahme der Erklärung durch das Gericht.

Nach § 190 Abs. 11 SGB V endet die Mitgliedschaft versicherungspflichtiger Rentner

- mit Ablauf des Monats, in dem der Anspruch auf Rente wegfällt oder die Entscheidung über den Wegfall oder den Entzug der Rente unanfechtbar geworden ist, frühestens allerdings mit Ablauf des Monats, für den letztmalig Rente zu zahlen ist
- bei Gewährung einer Rente für zurückliegende Zeiträume mit Ablauf des Monats, in dem die Entscheidung unanfechtbar wird

Versicherungs- und Meldepflicht zur Krankenversicherung

Kraft Gesetzes fällt eine Rente beim Vorliegen bestimmter Tatbestände weg. Beispielsweise ist dies dann der Fall, wenn

- die Witwe oder der Witwer heiratet
- die Waise das 18. Lebensjahr vollendet
- der Bezieher einer Altersrente eine rentenschädliche Beschäftigung ausübt
- die befristete Rente endet

Bei befristeten Renten ist bereits im Rentenbewilligungsbescheid der Wegfall der Rente bestimmt. Hier entfällt der Rentenanspruch mit Ablauf der Frist, ohne dass der Rentenversicherungsträger einen förmlichen Wegfallbescheid erteilt.

Die Mitgliedschaft in der gesetzlichen Krankenversicherung endet in diesen Fällen mit Ablauf des Monats, für den letztmalig Rente zu zahlen ist. Das gilt auch dann, wenn Rente irrtümlich über den Tag, an dem die Voraussetzungen für den Wegfall erfüllt waren, weitergezahlt worden ist.

Entfällt der Rentenanspruch bei einer befristeten Rente vor Ablauf der Befristung oder bei einer unbefristeten Rente, erteilt der Rentenversicherungsträger einen förmlichen Bescheid über den Wegfall oder den Entzug der Rente. Zu denken ist hier an

- eine Wiederheirat
- eine Besserung des Gesundheitszustandes
- das Überschreiten von Hinzuverdienstgrenzen vor Vollendung des 65. Lebensjahres

Die Mitgliedschaft in der gesetzlichen Krankenversicherung endet in diesen Fällen erst mit Ablauf des Monats, in dem der Bescheid des Rentenversicherungsträgers unanfechtbar wird; frühestens jedoch mit Ablauf des Monats, für den die Rente letztmalig gezahlt wird.

Legt der Rentner gegen den Bescheid über den Wegfall beziehungsweise den Entzug der Rente einen Rechtsbehelf oder ein Rechtsmittel ein, gibt es je nach Ausgang des Widerspruchs- bezie-

Beginn und Ende der Mitgliedschaft

hungsweise sozialgerichtlichen Verfahrens unterschiedliche Lösungen.

Nach Ansicht der Spitzenverbände der Krankenkassen und der Deutschen Rentenversicherung Bund sind in diesem Zusammenhang folgende Fallgestaltungen denkbar:

- Ergibt das Verfahren einen weiteren unbefristeten Rentenbezug, so bleibt die Mitgliedschaft weiterhin bestehen.
- Ergibt das Verfahren einen weiteren befristeten Rentenbezug, bleibt die Mitgliedschaft bis zum Ende des Monats erhalten, in dem der Widerspruchsbescheid unanfechtbar wird oder das Urteil Rechtskraft erlangt beziehungsweise die Rente letztmalig gezahlt wird.
- Bestätigt das Verfahren den Wegfall- beziehungsweise Entziehungsbescheid, so endet die Mitgliedschaft mit Ablauf des Monats, in dem die Entscheidung unanfechtbar wird.
- Endet das Verfahren durch Vergleich, so endet die Mitgliedschaft mit Ablauf des Monats, in dem der Vergleich verbindlich wird oder eine eventuelle Widerspruchsfrist abläuft, soweit die Rente nicht über diesen Zeitpunkt hinaus gewährt wird. Andernfalls endet sie mit Ablauf des Monats, für den letztmalig Rente zu zahlen ist.
- Wird das Verfahren durch Rücknahme des Rechtsbehelfs beziehungsweise Rechtsmittels beendet, so endet die Mitgliedschaft mit Ablauf des Monats der Rücknahme.

Beispiel:

Zubilligung einer Zeitrente am	09.08.2006
Wegfall der Zeitrente am	30.10.2006
Sozialgerichtsverfahren bestätigt den Wegfall der Rente	
Zustellung des Urteils am	15.02.2007
Rechtskraft des Urteils am	19.03.2007
Ende der Mitgliedschaft am	31.03.2007

Versicherungs- und Meldepflicht zur Krankenversicherung

Meldungen

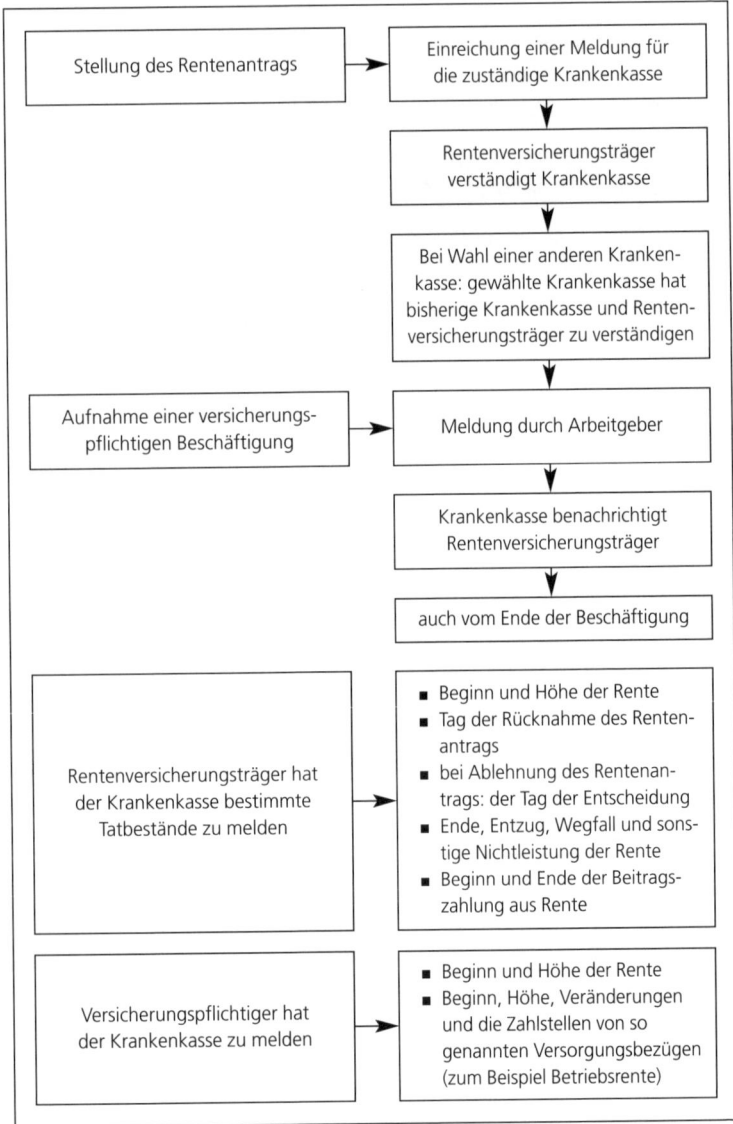

Meldungen

Im vorstehenden Schaubild wurde bereits erwähnt, dass Meldungen auch zu machen sind, wenn der Rentner zu seiner Rente noch Versorgungsbezüge, wie etwa Betriebsrenten, erhält.

Allerdings hat hier nicht nur der Versicherte Meldepflichten, sondern auch die Zahlstelle der Versorgungsbezüge.

Um eine möglichst frühzeitige beitragsrechtliche Erfassung der Versorgungsbezüge zu erreichen, haben die Zahlstellen die zuständige Krankenkasse von sich aus zu ermitteln. Sie haben der Krankenkasse mitzuteilen:

- Beginn der Versorgungsbezüge
- Höhe der Versorgungsbezüge
- Veränderungen der Versorgungsbezüge
- Ende der Versorgungsbezüge

Bei laufenden Beitragszahlungen aus Versorgungsbezügen sind nur Veränderungen zu melden. Dabei gilt als solche jede Änderung des Zahlbetrages. Das gilt auch dann, wenn sich die Änderung auf einen in der Vergangenheit liegenden Zeitraum bezieht.

Änderungsmeldungen müssen auch dann erstattet werden, wenn sich der Zahlbetrag der Versorgungsbezüge durch Gewährung einer Einmalzahlung erhöht. In diesen Fällen ist einmal für den Monat, in dem die Einmalzahlung gewährt wird, eine Meldung abzugeben. Darüber hinaus muss für die anschließende Zeit wiederum der laufende Versorgungsbezug gemeldet werden.

Die Krankenkassen und die Zahlstellen haben das Recht, praxisgerechte Abweichungen vom Vorstehenden zu vereinbaren, sofern eine korrekte Beitragsabführung gewährleistet ist. Einzelheiten enthält die „Verfahrensbeschreibung der Beitragsabführung zur Kranken- und Pflegeversicherung durch die Zahlstellen".

Versicherungs- und Meldepflicht zur Krankenversicherung

Bezieht ein Rentner Arbeitseinkommen aus einer selbständigen Tätigkeit, hat er seiner Krankenkasse Folgendes mitzuteilen:

- den Beginn des Arbeitseinkommens
- die Höhe des Arbeitseinkommens
- Veränderungen des Arbeitseinkommens

(Bezüglich der Beitragspflicht für Versorgungsbezüge und Arbeitseinkommen siehe Seite 41 beziehungsweise ab Seite 48.)

Beitragspflicht zur Krankenversicherung

2

Beitragspflicht 40

Beitragserstattung möglich 53

Freiwillig versicherte Rentner 55

Beiträge des
Rentenversicherungsträgers 56

Beitragspflicht zur Krankenversicherung

Beitragspflicht

Grundsätze

Rentenantragsteller und Rentner haben Beiträge zur gesetzlichen Krankenversicherung zu zahlen. Rentenantragsteller werden dabei wie freiwillige Mitglieder ohne Rentenbezug behandelt. Das Gesetz (§ 239 SGB V) schreibt vor, dass bei Rentenantragstellern die Beitragsbemessung bis zum Beginn der Rente durch die Satzung der Krankenkasse geregelt wird. Dies gilt auch für die Personen, bei denen die Rentenzahlung eingestellt wird, und zwar bis zum Ablauf des Monats, in dem die Entscheidung über Wegfall oder Entzug der Rente unanfechtbar geworden ist. Im Übrigen gelten die Vorschriften für freiwillig Versicherte (siehe Seite 55).

§ 225 Abs. 1 SGB V regelt die Beitragsfreiheit bestimmter Personen, die einen Rentenantrag gestellt haben. Danach ist ein Rentenantragsteller bis zum Beginn der Rente beitragsfrei, wenn er

- als hinterbliebener Ehegatte eines in der gesetzlichen Krankenversicherung versicherungspflichtigen Rentners, der bereits Rente bezogen hat, Hinterbliebenenrente beantragt

- als Waise eines versicherungspflichtigen Rentners, der bereits Rente bezogen hat, vor Vollendung des 18. Lebensjahres Waisenrente beantragt

- ohne die Versicherungspflicht als Rentenantragsteller familienversichert wäre

Die Beitragsfreiheit gilt im Übrigen nicht, wenn der Rentenantragsteller Arbeitseinkommen oder Versorgungsbezüge (zum Beispiel Betriebsrente) erhält.

Versicherungspflichtige Personen haben aus ihrer Rente Beiträge zu zahlen. Dabei gilt für die Beitragsbemessung aus Renten der gesetzlichen Rentenversicherung der allgemeine Beitragssatz der zuständigen Krankenkasse. Außerdem ist der zusätzliche Beitragssatz zu beachten. Dieser ist in § 241a SGB V vorgeschrieben.

Beitragspflicht

Danach gilt für alle Mitglieder gesetzlicher Krankenkassen ein zusätzlicher Beitragssatz in Höhe von 0,9 % der beitragspflichtigen Einnahmen. Ausgenommen von der Verpflichtung, den zusätzlichen Beitragssatz zu entrichten, sind lediglich Bezieher von Arbeitslosengeld II.

Für Rentner gelten Beitragssatzveränderungen jeweils vom ersten Tag des dritten auf die Veränderung folgenden Kalendermonats an (§ 247 Abs. 1 SGB V).

Viele Rentenbezieher erhalten neben ihrer Rente so genannte Versorgungsbezüge.

Das Gesetz (§ 229 Abs. 1 SGB V) spricht von „der Rente vergleichbare Einnahmen". Als solche gelten Bezüge, soweit sie wegen einer Einschränkung der Erwerbsfähigkeit oder zur Alten- oder Hinterbliebenenversorgung erzielt werden.

Als Beitragssatz gilt der allgemeine Beitragssatz der jeweiligen Krankenkasse (Ausnahme: Renten der landwirtschaftlichen Alterssicherung).

Das Gesetz enthält eine abschließende Aufzählung der bei der Festsetzung der beitragspflichtigen Einnahmen zu berücksichtigenden Versorgungsbezüge. Diese haben gemeinsam, dass sie an eine (frühere) Erwerbstätigkeit anknüpfen. Leistungen aus anderen als den dort genannten Rechtsverhältnissen und Quellen unterliegen nicht der Beitragspflicht. Deshalb bleiben Einkünfte, die nicht in Zusammenhang mit dem Erwerbsleben stehen (zum Beispiel aufgrund betriebsfremder privater Eigenvorsorge), unberücksichtigt.

Versorgungsbezüge werden – wie oben bereits erwähnt – nur insoweit für die Beitragsbemessung herangezogen, als sie wegen einer Einschränkung der Erwerbsfähigkeit oder zur Alters- oder Hinterbliebenenversorgung erzielt werden. Der Grad der Erwerbsminderung sowie das Alter des Versorgungsempfängers spielen dabei keine Rolle.

Beitragspflicht zur Krankenversicherung

Als mit der Rente vergleichbare Einnahmen (Versorgungsbezüge) gelten:

- Versorgungsbezüge aus einem öffentlich-rechtlichen Dienstverhältnis oder entsprechenden Arbeitsverhältnis
- Bezüge aus der Versorgung der Abgeordneten, Parlamentarischen Staatssekretäre und Minister
- Renten der Versicherungs- und Versorgungseinrichtungen für Angehörige bestimmter Berufsgruppen
- Renten und Landabgaberenten nach dem Gesetz über die Alterssicherung der Landwirte
- Renten der betrieblichen Altersversorgung, der Zusatzversorgung im öffentlichen Dienst und der hüttenknappschaftlichen Zusatzversorgung

Als Versorgungsbezüge im vorgenannten Sinne kommen sowohl laufende Geldleistungen und seit dem 01.01.2004 auch einmalige Kapitalleistungen in Betracht. Ebenso unterliegen Abfindungen für Versorgungsbezüge der Beitragspflicht. Nicht zu den Versorgungsbezügen gehören Nutzungsrechte und Sachleistungen beziehungsweise Deputate. Dies gilt selbst dann, wenn die Sachbezüge in Geldwert abgegolten werden.

Die Versorgungsbezüge werden – wie im Übrigen auch die Renten der gesetzlichen Rentenversicherung – mit ihrem Zahlbetrag bei der Ermittlung der beitragspflichtigen Einnahmen berücksichtigt. Unter Zahlbetrag ist dabei der unter Anwendung aller Versagens-, Kürzungs- und Ruhensvorschriften zur Auszahlung gelangende Betrag zu verstehen.

Wichtig: Die auf die Versorgungsbezüge entfallende Steuer darf ebenso wenig abgezogen werden wie eventuelle Abzweigungsbeträge infolge einer Aufrechnung, Verrechnung, Abtretung oder Pfändung.

Unterhaltszahlungen an den geschiedenen Ehegatten mindern ebenfalls nicht den Zahlbetrag der Versorgungsbezüge. Gleiches gilt im Falle eines schuldrechtlichen Versorgungsausgleichs.

Beitragspflicht

Im Gegensatz zu Renten der gesetzlichen Rentenversicherung werden bei der Ermittlung der beitragspflichtigen Einnahmen aus Versorgungsbezügen Kinderzuschüsse oder Erhöhungsbeträge für Kinder bei Versorgungsbezügen in Betracht gezogen.

Nach der höchstrichterlichen Rechtsprechung gehören zu den Versorgungsbezügen auch Einmalzahlungen, wie beispielsweise Weihnachtsgelder, sowie sonstige laufend gewährte Zulagen. Auf die Bezeichnung kommt es hier nicht an.

Versorgungsbezüge mit Entschädigungscharakter sind nicht vergleichbar mit Renten der gesetzlichen Rentenversicherung und unterliegen deshalb nicht der Beitragspflicht.

Von der Beitragspflicht werden aber grundsätzlich auch Nachzahlungen von Versorgungsbezügen erfasst.

Als Versorgungsbezüge aus einem öffentlich-rechtlichen Dienstverhältnis kommen unter anderem in Betracht:

- Ruhegehalt
- Witwengeld
- Witwergeld
- Waisengeld
- Unterhaltsbeiträge für entlassene Beamte sowie für deren Hinterbliebene

Versorgungsbezüge, die lediglich übergangsweise geleistet werden, sind nicht in die Beitragsberechnung einzubeziehen. Deshalb bleiben beispielsweise für entlassene Beamte und Soldaten unberücksichtigt:

- Übergangsgelder
- Übergangsbeihilfen
- Übergangsgebührnisse

Beitragspflicht zur Krankenversicherung

Zu den Versorgungsbezügen gehört auch die jährliche Sonderzuwendung. Sie ist in dem Monat bei der Beitragsberechnung zu berücksichtigen, in dem sie gezahlt wird. Der Familienzuschlag, den ein Ruhestandsbeamter erhält, gehört ebenfalls zu den Versorgungsbezügen.

Zu den Renten der betrieblichen Altersversorgung (Betriebsrenten) gehören die Leistungen der Alters-, Invaliditäts- oder Hinterbliebenenversorgung, die unmittelbar oder mittelbar anlässlich eines früheren Arbeitsverhältnisses zufließen.

Betriebliche Altersversorgung ist auf verschiedenen Durchführungswegen möglich. Dies kann vollzogen werden über eine:

- Direktversicherung
- Pensionszusage (Direktzusage)
- Unterstützungskasse
- Pensionskasse
- einen Pensionsfonds

Allerdings ist der Durchführungsweg selbst für die beitragsrechtliche Beurteilung, ob ein Versorgungsbezug im Sinne des Krankenversicherungsrechts vorliegt, ohne Bedeutung

Entscheidend ist, ob der Versorgungsbezug mit dem Berufsleben in Zusammenhang steht.

Wichtig: Es besteht kein solcher Zusammenhang, wenn der Arbeitgeber weder Zuschüsse noch Aufwendungen leistet oder auch keine sonstige Einbindung des Arbeitgebers bei der Beschaffung der Altersvorsorge erkennbar ist, beispielsweise bei der reinen privaten Altersvorsorge.

Nach einer höchstrichterlichen Entscheidung ist es für die Zuordnung der Leistungen der betrieblichen Altersversorgung zu den Versorgungsbezügen unerheblich, wer die Leistungen im Ergebnis finanziert hat. Dies bedeutet, dass die Leistungen selbst dann zu

Beitragspflicht

den Versorgungsbezügen gehören, wenn und soweit sie auf Beiträgen des Arbeitnehmers beruhen. Das gilt auch, wenn es sich um Leistungen aufgrund einer Höher- oder Weiterversicherung in einer Pensionskasse handelt oder um Leistungen aus einer Direktversicherung, die durch Entgeltumwandlung finanziert wurde.

Zu den bei der Beitragsberechnung zu berücksichtigenden Leistungen der betrieblichen Altersversorgung gehören insbesondere:

- die Altersrenten einschließlich der Kinderzuschüsse
- Witwen-/Witwerrenten
- Waisenrenten

Das Gleiche gilt für Weihnachtsgelder oder sonstige Einmalzahlungen und Zuschläge neben den eigentlichen Versorgungsbezügen, unabhängig davon, ob deren Zahlung in bestimmter Höhe in der Versorgungsregelung festgelegt ist, oder ob die Zuwendungen ohne ausdrückliche Zusage vorbehaltlos in regelmäßiger Wiederkehr und in gleicher Höhe gezahlt worden sind.

Der Beitragsermittlung unterliegen ferner:

- Übergangsgelder
- Überbrückungsgelder
- Ausgleichszahlungen
- Gnadenbezüge u. Ä.

die im Anschluss an das Arbeitsverhältnis und anstelle der Betriebsrenten gewährt werden. Diese Leistungen werden allerdings nur bis zur Höhe der später einsetzenden Betriebsrente zur Beitragsleistung herangezogen.

Für einen Übergangszeitraum an Hinterbliebene gezahlte erhöhte Versorgungsbezüge (zum Beispiel für das so genannte Sterbevierteljahr) unterliegen dagegen in voller Höhe der Beitragspflicht. Dies gilt auch für das in einer Übergangszeit an die Hinterbliebenen von Arbeitnehmern im Todesfall in bisheriger oder gekürzter Höhe weitergezahlte Arbeitsentgelt.

Beitragspflicht zur Krankenversicherung

Versorgungsbezüge aus dem Ausland oder von zwischenstaatlichen beziehungsweise überstaatlichen Einrichtungen werden ebenfalls als beitragspflichtige Einnahmen herangezogen. Das gilt allerdings nur, soweit die Versorgungsbezüge den oben aufgeführten Leistungen entsprechen. Dazu zählen auch Versorgungsleistungen (Pensionen) der Europäischen Gemeinschaft an ihre früheren Beamten, soweit dem nicht Sonderregelungen des EU-Rechts entgegenstehen. Gesetzliche Rentenleistungen aus ausländischen Rentensystemen sind dagegen nicht als Versorgungsbezüge im vorgenannten Sinne anzusehen.

Alle Kapitalleistungen, die der Alters- und Hinterbliebenenversorgung oder der Versorgung bei verminderter Erwerbsfähigkeit dienen, unterliegen der Beitragspflicht. Voraussetzung ist allerdings ein Bezug zum früheren Erwerbsleben.

Beitragspflicht besteht im Übrigen unabhängig davon, ob die Versorgungsleistung als originäre Kapitalzahlung ohne Wahlrecht zu Gunsten einer Rentenzahlung oder als Kapitalleistung mit Option zu Gunsten einer Rentenzahlung zugesagt wird.

Für die Ermittlung der beitragspflichtigen Einnahmen ist der Zahlbetrag der Kapitalleistungen auf zehn Jahre (dies entspricht 1/120 monatlich) umzulegen.

Wichtig: Beiträge sind nicht zu bezahlen, wenn der so ermittelte monatliche Betrag ein Zwanzigstel der monatlichen Bezugsgröße nicht übersteigt.

2006 sind hier 119 Euro maßgeblich.

Wird die Kapitalleistung in Raten ausgezahlt, ist für die Ermittlung des beitragspflichtigen Anteils im Rahmen der 1/120-Regelung dennoch der Gesamtbetrag heranzuziehen.

Bei Direktversicherungen kann es vorkommen, dass wegen der im Versicherungsvertrag genannten Altersgrenze die Kapitalleistung bereits fließt, der Versicherte aber noch weiterhin beschäftigt ist.

Beitragspflicht

Auch in diesen Fällen beginnt der Zehn-Jahres-Zeitraum mit dem Ersten des auf die Auszahlung des Kapitalbetrages folgenden Kalendermonats. Soweit in dieser Zeit allerdings ein Beschäftigungsverhältnis ausgeübt wird, in der das Arbeitsentgelt des Versicherten die Beitragsbemessungsgrenze der gesetzlichen Krankenversicherung erreicht, fallen aus der Kapitalleistung zunächst keine Beiträge an. Der Zehn-Jahres-Zeitraum wird dadurch allerdings nicht verändert.

Sollte der Versorgungsempfänger vor Ablauf von zehn Jahren versterben, endet auch die Beitragspflicht.

In diesen Fällen kann für die Hinterbliebenen eine eigene Beitragspflicht lediglich dann entstehen, wenn sie als Hinterbliebenenversorgung einen eigenen Kapitalbetrag beanspruchen können.

Auch Kapitalabfindungen für Versorgungsbezüge werden zur Beitragsberechnung herangezogen. Darunter fallen solche Abfindungen, die als nicht regelmäßig wiederkehrende Leistung nach Eintritt des Versorgungsfalls an die Stelle der laufenden Versorgungsbezüge treten.

Dabei gilt ein Einhundertzwanzigstel der Abfindung als monatlicher Zahlbetrag. Dies bedeutet, dass der Betrag der Kapitalabfindung auf zehn Jahre umgelegt wird.

Die Frist von zehn Jahren beginnt mit dem Ersten des Monats, der auf die Auszahlung der Kapitalabfindung folgt. Werden Versorgungsbezüge für einen Zeitraum von weniger als zehn Jahren abgefunden und anschließend laufend gezahlt, dann kann die Abfindung nur auf den entsprechenden kürzeren Zeitraum verteilt werden.

Allerdings unterbleibt die Beitragsentrichtung, wenn der monatliche Betrag ein Zwanzigstel der monatlichen Bezugsgröße nicht übersteigt (siehe Seite 46).

Versorgungsbezüge, die aus Anlass der Wiederverheiratung einer Witwe oder eines Witwers kapitalisiert werden, sind nicht beitragspflichtig.

Beitragspflicht zur Krankenversicherung

Arbeitseinkommen

Nach ausdrücklicher Vorschrift in § 237 SGB V werden bei versicherungspflichtigen Rentnern nicht nur der Zahlbetrag der Rente der gesetzlichen Rentenversicherung und der Zahlbetrag der Versorgungsbezüge, sondern auch das Arbeitseinkommen berücksichtigt. Es geht hier um Einnahmen aus selbständiger Tätigkeit. Als Beitragssatz wird der allgemeine Beitragssatz der zuständigen Krankenkasse berücksichtigt.

Erreicht der Zahlbetrag der Rente nicht die Beitragsbemessungsgrenze, werden nacheinander der Zahlbetrag der Versorgungsbezüge und das Arbeitseinkommen des Mitglieds bis zur Beitragsbemessungsgrenze herangezogen.

Die Beitragsbemessungsgrenze in der gesetzlichen Krankenversicherung beläuft sich 2006 auf 3 562,50 Euro im Monat.

Beispiel:

Ein Rentner hat im Jahre 2006 monatlich folgende Einkünfte:

- Rente: 2 000,00 Euro
- Versorgungsbezüge: 1 000,00 Euro
- Arbeitseinkommen: 700,00 Euro

3 700,00 Euro

Ergebnis:

Für die Beitragsberechnung sind heranzuziehen:

- Rente: 2 000,00 Euro
- Versorgungsbezüge: 1 000,00 Euro
- Arbeitseinkommen: 562,50 Euro

3 562,50 Euro

Das restliche Arbeitseinkommen in Höhe von 137,50 Euro bleibt wegen Überschreitens der Beitragsbemessungsgrenze unberücksichtigt.

Beitragspflicht

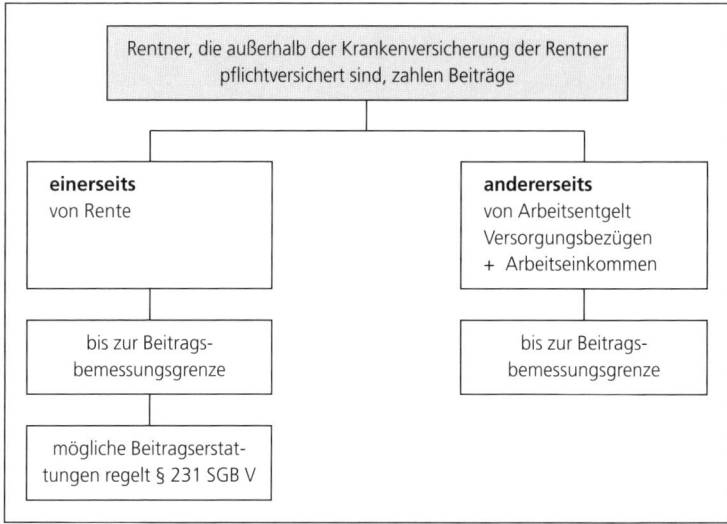

Es ist für die Beitragspflicht der Rente nicht erforderlich, dass ein Arbeitnehmer ohne die versicherungspflichtige Arbeitnehmerbeschäftigung in der Rentnerkrankenversicherung versicherungspflichtig wäre. Dies bedeutet, dass die Erfüllung der Vorversicherungszeit (siehe Seite 12) nicht entscheidend für die Beitragspflicht ist.

Beitragspflicht besteht im Übrigen auch dann, wenn keine Rente aus der gesetzlichen Rentenversicherung, sondern nur Versorgungsbezüge gewährt werden.

Die Einbeziehung von Arbeitseinkommen in die Beitragsbemessung ist dagegen an einen Renten- oder Versorgungsbezug geknüpft.

Die Rangfolge der Einnahmearten wird in § 230 SGB V festgelegt. Danach werden bei der Beitragsberechnung Versorgungsbezüge und Arbeitseinkommen insoweit herangezogen, als sie zusammen mit Arbeitsentgelt aus dem die Versicherungspflicht begründenden Beschäftigungsverhältnis die Beitragsbemessungsgrenze nicht übersteigen.

Beitragspflicht zur Krankenversicherung

Aber: Die Rente der gesetzlichen Rentenversicherung wird separat bis zur Beitragsbemessungsgrenze berücksichtigt. Hier gibt es allerdings die Möglichkeit der Beitragserstattung (siehe Seite 53).

Beispiel 1:

Im Jahre 2006 hat ein Rentner folgende monatliche Einkünfte:

Arbeitsentgelt:	1 600 Euro
Rente:	1 400 Euro
zusammen:	3 000 Euro

Ergebnis:

Für die Beitragsberechnung sind Arbeitsentgelt und Rente jeweils in voller Höhe heranzuziehen. Beide überschreiten für sich allein die Beitragsbemessungsgrenze (2006: 3 562,50 Euro) nicht.

Beispiel 2:

Ein Rentner erzielt im Jahre 2006 monatlich folgende Einkünfte:

Arbeitsentgelt:	1 700 Euro
Arbeitseinkommen:	150 Euro
Rente:	1 000 Euro
zusammen:	2 850 Euro

Ergebnis:

Für die Beitragsberechnung sind Arbeitsentgelt und Arbeitseinkommen in voller Höhe heranzuziehen. Die Beitragsbemessungsgrenze wird nicht überschritten. Daneben ist die Rente ebenfalls in voller Höhe zu berücksichtigen.

Beitragspflicht

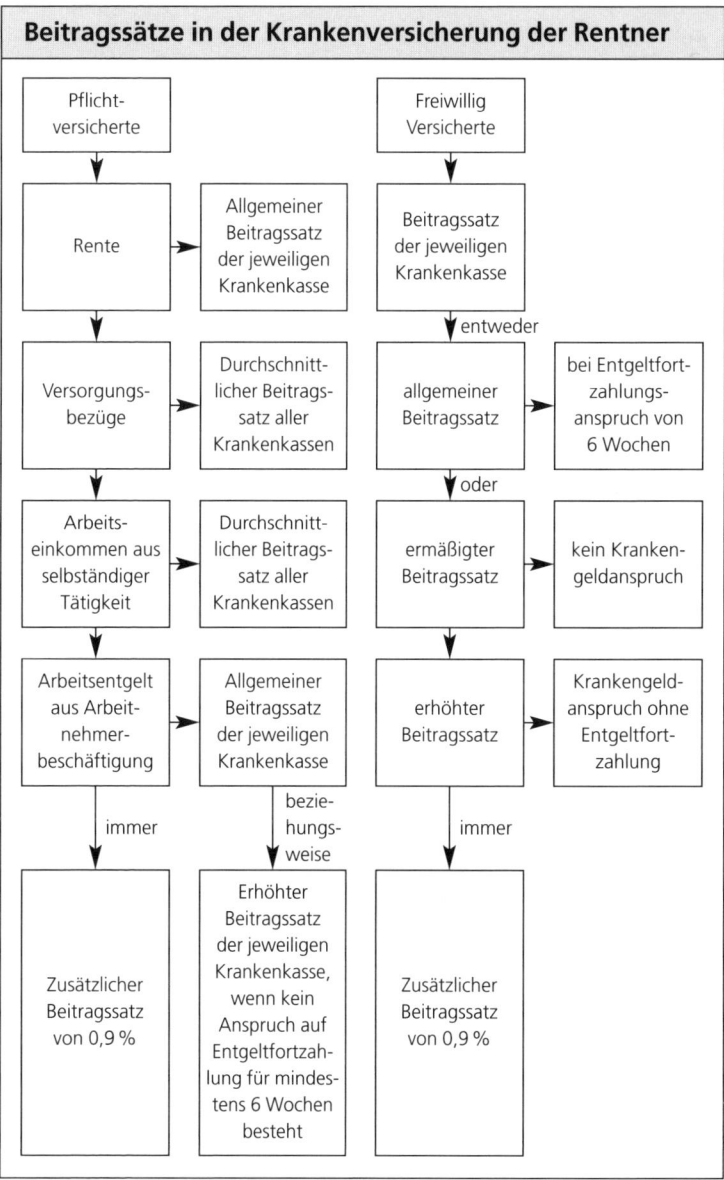

Beitragspflicht zur Krankenversicherung

Beitragspflichtige Einnahmen in der Krankenversicherung der Rentner (Pflichtversicherung)

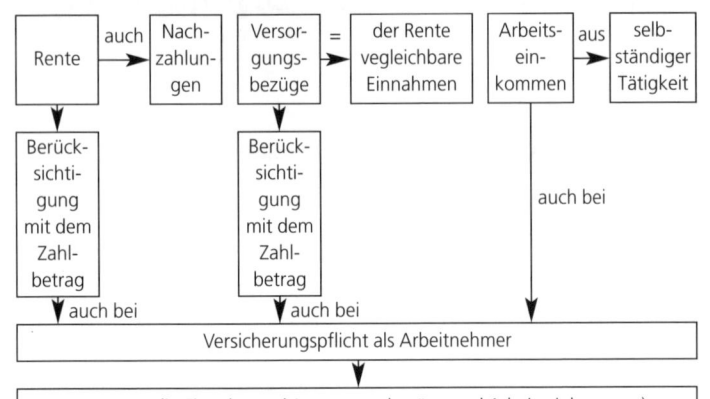

Beitragspflichtige Einnahmen in der Krankenversicherung der Rentner (Freiwillige Versicherung)

- Beitragsbemessung wird durch die Kassensatzung geregelt
  - ↓
  - Mindestens müssen die Einnahmen berücksichtigt werden, die bei einem vergleichbaren versicherungspflichtigen Beschäftigten herangezogen werden
  - ↓ immer
  - Zusätzlicher Beitragssatz von 0,9 %

- Die Beitragsbelastung muss die gesamte wirtschaftliche Leistungsfähigkeit des freiwilligen Mitgliedes berücksichtigen
  - ↓
  - wenn Rente neben Arbeitsentgelt bezogen wird: Zahlbetrag der Rente getrennt von den übrigen Einnahmen bis zur Beitragsbemessungsgrenze
  - → führt dies zu einer Beitragsbelastung über der Beitragsbemessungsgrenze
    - ↓
    - nur Zuschuss ist einzuzahlen

Beitragserstattung möglich

Die Beiträge aus Versorgungsbezügen und Arbeitseinkommen sind von Versicherten alleine in voller Höhe zu bezahlen.

Beitragserstattung möglich

Wird durch die Berechnungsweise der beitragspflichtigen Einnahmen die Beitragsbemessungsgrenze der gesetzlichen Krankenversicherung überschritten, hat der Versicherte einen Erstattungsanspruch gegen die gesetzliche Krankenkasse.

Die vom Krankenkassenmitglied getragenen Beiträge sind von der zuständigen Krankenkasse auf Antrag zu erstatten. Es handelt sich dabei um die vom Mitglied selbst getragenen Anteile an den Beiträgen aus der Rente der gesetzlichen Rentenversicherung. Die Erstattung erfolgt insoweit, als die Rente zusammen mit den übrigen der Beitragsbemessung zugrunde gelegten Einnahmen des Mitglieds überschritten werden.

In diesem Zusammenhang ist dem Gemeinsamen Rundschreiben der Spitzenverbände der Krankenkassen und der Deutschen Rentenversicherung Bund vom 01.10.2005 folgendes – allerdings aktualisiertes – Beispiel entnommen.

Beispiel:

Eine Rentnerin hat im Jahre 2006 folgende monatliche Einkünfte:

Arbeitsentgelt:	2 700 Euro
Witwenrente:	1 000 Euro

Ergebnis:

Arbeitsentgelt:	2 700 Euro
Witwenrente:	+ 1 000 Euro
insgesamt:	3 700 Euro

Beitragspflicht zur Krankenversicherung

abzüglich monatliche Beitragsbemessungsgrenze:	– 3 562,50 Euro
	137,50 Euro

Die auf 137,50 Euro entfallenden (vom Mitglied monatlich getragenen) Beiträge aus der Rente können erstattet werden. Sofern der Versicherte einen Erstattungsantrag stellt, sind auch dem Rentenversicherungsträger die von ihm getragenen Beitragsanteile zu erstatten.

Nicht nur Beiträge aus der Rente werden erstattet. Vielmehr werden dem Mitglied durch die Krankenkasse auf Antrag auch Beiträge aus Versorgungsbezügen oder Arbeitseinkommen erstattet. Das gilt allerdings nur, soweit sie auf Beträge entfallen, um die die Versorgungsbezüge und das Arbeitseinkommen zusammen mit dem Arbeitsentgelt einschließlich des einmalig gezahlten Arbeitsentgelts die anteilige Jahresarbeitsentgeltgrenze überschritten haben.

Beispiel:

Im Jahre 2006 hat ein Versicherungspflichtiger monatlich folgende Einkünfte:

Arbeitsentgelt:	2 900 Euro
Urlaubsgeld im Juni:	1 000 Euro
Versorgungsbezüge:	1 000 Euro
Laufendes Arbeitsentgelt bis Juni (2 900 Euro x 6):	16 200 Euro
Urlaubsgeld:	1 000 Euro
Versorgungsbezüge bis Juni (1 000 Euro x 6):	+ 6 000 Euro
zusammen:	24 400 Euro

> abzüglich anteilige Jahresarbeits-
> entgeltgrenze bis Juni: = 21 375 Euro
> (monatlich 3 562,50 Euro)
>
> 3 025 Euro
>
> **Ergebnis:**
>
> Dem Mitglied können Beiträge aus einem Betrag von 3 025 Euro erstattet werden.

Freiwillig versicherte Rentner

(Zur freiwilligen Versicherung von Rentnern siehe Seite 25.)

Rechtsgrundlage für die Beitragsbemessung freiwilliger Mitglieder ist § 240 SGB V. Dort wird zunächst bestimmt, dass die Beitragsbemessung für freiwillige Mitglieder durch die Satzung der Krankenkasse geregelt wird. Dabei ist sicherzustellen, dass die Beitragsbelastung die gesamte wirtschaftliche Leistungsfähigkeit des freiwilligen Mitgliedes berücksichtigt.

Wichtig: Für freiwillig versicherte Personen ist eine Mindestbeitragsbemessungsgrundlage vorgesehen. Diese beträgt den 90. Teil der monatlichen Bezugsgröße. 2006 sind hier kalendertäglich im gesamten Bundesgebiet 27,22 Euro maßgebend. Dies entspricht einem Monatsbetrag von 816,60 Euro.

Allerdings gilt die Mindestbeitragsbemessungsgrundlage nicht für freiwillige Mitglieder, die die Voraussetzungen für den Anspruch auf eine Rente aus der gesetzlichen Rentenversicherung erfüllen und diese Rente beantragt haben. Voraussetzung ist allerdings, dass sie seit der erstmaligen Aufnahme einer Erwerbstätigkeit bis zur Stellung des Rentenantrags mindestens neun Zehntel der zweiten Hälfte dieses Zeitraums Mitglied oder familienversichert waren. Hier handelt es sich um Ausnahmefälle. Im „Normalfall" wird hier Versicherungspflicht vorliegen.

Beitragspflicht zur Krankenversicherung

Der Beitragssatz für freiwillig Versicherte ergibt sich aus der Kassensatzung.

Aber: Auch freiwillig Versicherte haben den Zusatzbeitrag von 0,9 % zu zahlen. Dieser Beitrag ist vom Rentner alleine zu tragen.

Beiträge des Rentenversicherungsträgers

Nach ausdrücklicher Vorschrift in § 249a SGB V tragen Versicherungspflichtige, die eine Rente aus der gesetzlichen Rentenversicherung beziehen, und die Träger der Rentenversicherung die aus der Rente zu zahlenden Beiträge jeweils zur Hälfte. Den zusätzlichen Beitrag trägt – wie bereits erwähnt – der Rentner allein.

Bei nicht pflichtversicherten Rentnern ist eine Besonderheit zu beachten. Sie haben nämlich Anspruch auf einen Zuschuss des Rentenversicherungsträgers. Dabei ist zu unterscheiden, ob sie:

- freiwillig in der gesetzlichen Krankenversicherung versichert sind
- bei einem privaten Krankenversicherungsunternehmen versichert sind

Bei der privaten Versicherung muss es sich um die Versicherung bei einem privaten Versicherungsunternehmen handeln, das der deutschen Versicherungsaufsicht unterliegt.

Der Zuschussanspruch besteht nicht bei gleichzeitiger Pflichtversicherung in der gesetzlichen Krankenversicherung.

Für Rentenbezieher, die freiwillig in der gesetzlichen Krankenversicherung versichert sind, wird der monatliche Zuschuss in Höhe des halben Betrages geleistet, der sich aus der Anwendung des allgemeinen Beitragssatzes ihrer Krankenkasse auf den Zahlbetrag der Rente ergibt.

Für Rentenbezieher, die bei einem Krankenversicherungsunternehmen versichert sind, wird der monatliche Zuschuss in Höhe des hal-

Beiträge des Rentenversicherungsträgers

ben Beitrages geleistet, der sich aus der Anwendung des durchschnittlichen allgemeinen Beitragssatzes ergibt. Zurzeit beträgt der durchschnittliche allgemeine Beitragssatz aller Krankenkassen 13,3 %.

Allerdings: Der monatliche Zuschuss ist auf die Hälfte der tatsächlichen Aufwendungen für die Krankenversicherung begrenzt. Beziehen Rentner mehrere Renten, wird ein begrenzter Zuschuss von den Rentenversicherungsträgern anteilig nach dem Verhältnis der Höhen der Renten geleistet. Er kann auch in einer Summe zu einer dieser Renten geleistet werden.

Der Zuschuss wird zusammen mit der monatlichen Rente gezahlt.

Bei pflichtversicherten Rentnern wird der Beitragsanteil des Rentners an der Rente abgezogen. Der Rentenversicherungsträger zahlt diesen Beitragsanteil zusammen mit den von ihm zu zahlenden Beiträgen an die Deutsche Rentenversicherung Bund. Hier erfolgt auf dem Wege der Verrechnung eine Weiterleitung an die Krankenkassen.

Ist bei der Zahlung der Rente die Einbehaltung der Beiträge unterblieben, sind die rückständigen Beiträge durch den Rentenversicherungsträger aus der weiterhin zu zahlenden Rente einzubehalten. Wird die Rente nicht mehr gezahlt, ist die zuständige Krankenkasse verpflichtet, die Beiträge einzuziehen.

Wichtig: Ändert sich die Beitragshöhe, zum Beispiel durch eine Anhebung des Beitragssatzes der Krankenkasse, erfolgt kein neuer Bescheid durch den Rentenversicherungsträger. In solchen Fällen werden in der Regel Benachrichtigungen durch die Krankenkassen vorgenommen.

Beitragspflicht zur Krankenversicherung

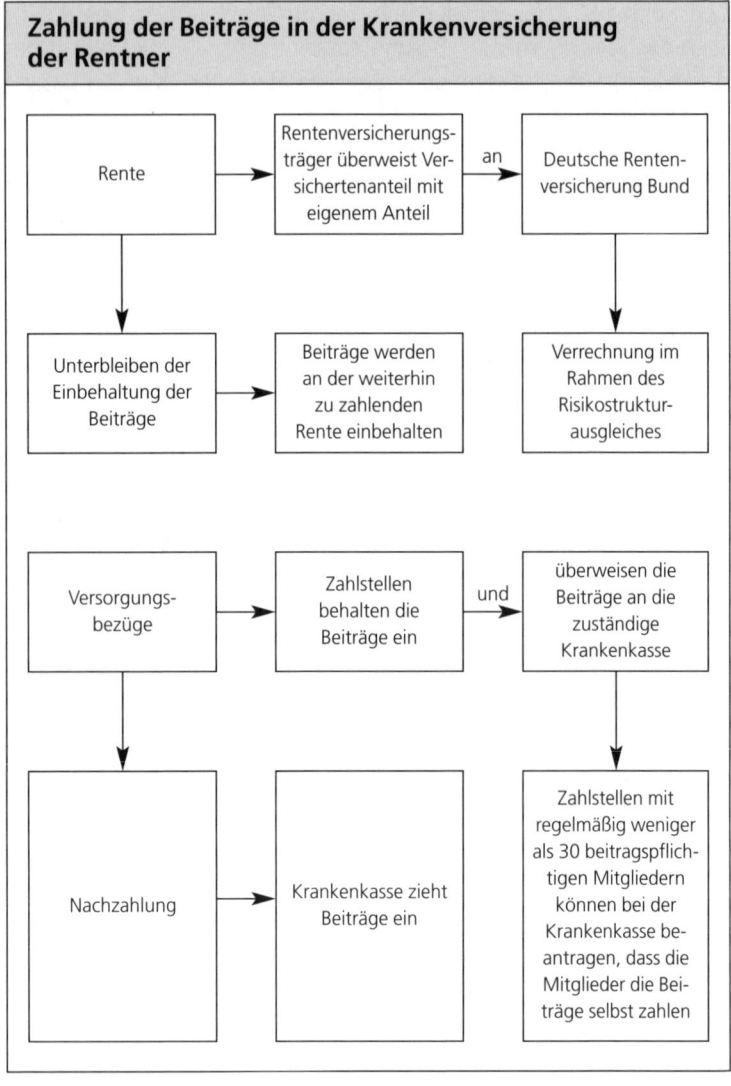

Beiträge des Rentenversicherungsträgers

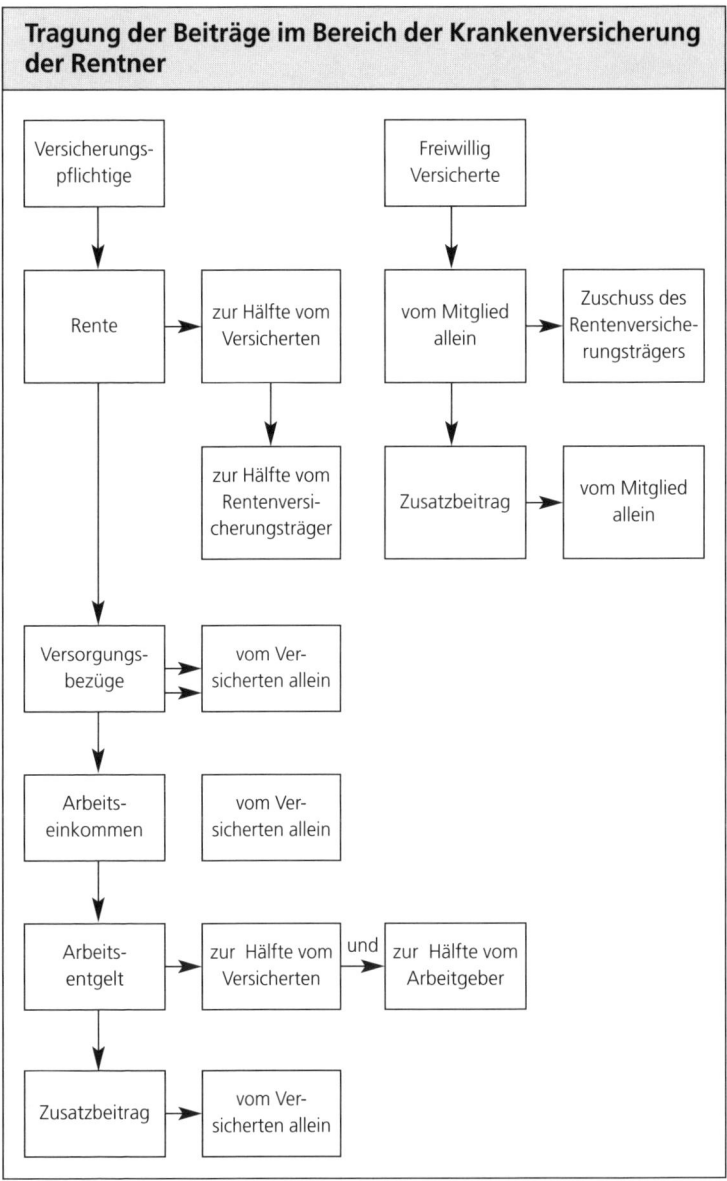

Leistungsansprüche gegen Krankenkassen

3

Grundsätze 62

Leistungsarten 63

Familienversicherung 108

Belastungsgrenze 110

Krankenversichertenkarte –
Elektronische Gesundheitskarte 116

Leistungsansprüche gegen Krankenkassen

Grundsätze

Die Krankenversicherung als Solidargemeinschaft hat die Aufgabe, die Gesundheit der Versicherten zu erhalten, wiederherzustellen oder ihren Gesundheitszustand zu bessern. Das gilt für alle Versichertengruppen, gleichgültig, ob sie beispielsweise als Arbeitnehmer oder als Rentner versichert sind.

Auch für als Rentenantragsteller oder Rentner versicherte Personen gilt im Übrigen, dass die Versicherten für ihre Gesundheit mitverantwortlich sind. Sie sollen durch

- eine gesundheitsbewusste Lebensführung
- durch frühzeitige Beteiligung an gesundheitlichen Vorsorgemaßnahmen
- durch aktive Mitwirkung an Krankenbehandlung und Rehabilitation

dazu beitragen, den Eintritt von Krankheit und Behinderung zu vermeiden oder ihre Folgen zu überwinden.

Dabei haben die Krankenkassen den Versicherten durch

- Aufklärung
- Beratung
- Leistungen

zu helfen und auf gesunde Lebensverhältnisse hinzuwirken.

Die durch das Gesetz vorgesehenen Leistungen sind den Versicherten durch die Krankenkassen zur Verfügung zu stellen. Das gilt allerdings nur, soweit diese Leistungen nicht der Eigenverantwortung der Versicherten zugerechnet werden.

Behandlungsmethoden, Arznei- und Heilmittel der besonderen Therapierichtungen sind nicht ausgeschlossen. Qualität und Wirksamkeit der Leistungen haben dem allgemein anerkannten Stand der medizinischen Erkenntnisse zu entsprechen und den medizinischen Fortschritt zu berücksichtigen.

Bei der Auswahl der Leistungserbringer ist ihre Vielfalt zu beachten. Den religiösen Bedürfnissen der Versicherten ist Rechnung zu tragen.

Wichtig: Krankenkassen, Leistungserbringer und Versicherte haben darauf zu achten, dass die Leistungen wirksam und wirtschaftlich erbracht und nur im notwendigen Umfang in Anspruch genommen werden.

Für die Versichertengruppe der Rentner ist auch § 2a SGB V von großer Bedeutung. Hier wird bestimmt, dass den besonderen Belangen behinderter und chronisch kranker Menschen Rechnung zu tragen ist.

Leistungsarten

Die Leistungsarten der gesetzlichen Krankenversicherung werden zunächst in § 11 SGB V aufgezählt:

- Leistungen zur Verhütung von Krankheiten und von deren Verschlimmerung sowie zur Empfängnisverhütung, bei Sterilisation und bei Schwangerschaftsabbruch
- Leistungen zur Früherkennung von Krankheiten
- Leistungen zur Behandlung einer Krankheit
- das Persönliche Budget nach § 17 Abs. 2 bis 4 des Neunten Buches Sozialgesetzbuch (SGB IX)

Versicherte haben auch Anspruch auf Leistungen zur medizinischen Rehabilitation sowie auf unterhaltssichernde und andere ergänzende Leistungen, die notwendig sind, um eine Behinderung oder Pflegebedürftigkeit abzuwenden, zu beseitigen, zu mindern, auszugleichen, ihre Verschlimmerung zu verhüten oder ihre Folgen zu mildern.

Leistungen der aktivierenden Pflege nach Eintritt von Pflegebedürftigkeit werden von den Pflegekassen erbracht (siehe Seite 118).

Leistungsansprüche gegen Krankenkassen

Die Rehabilitationsleistungen werden unter Beachtung des SGB IX erbracht, soweit nichts anderes ausdrücklich vorgeschrieben ist. Beachten Sie hierzu bitte auch das im Walhalla Fachverlag erschienene Buch „SGB IX – Rehabilitation und Teilhabe behinderter Menschen", ISBN 978-3-8029-7466-3.

Bei stationärer Behandlung umfassen die Leistungen auch die aus medizinischen Gründen notwendige Mitaufnahme einer Begleitperson des Versicherten.

Wichtig: Auf Leistungen besteht kein Anspruch, wenn sie als Folge eines Arbeitsunfalls oder einer Berufskrankheit im Sinne der gesetzlichen Unfallversicherung zu erbringen sind. (Zu den Leistungen der gesetzlichen Unfallversicherung siehe Seite 138.)

Nach ausdrücklicher Vorschrift in § 12 SGB V müssen die Leistungen ausreichend, zweckmäßig und wirtschaftlich sein. Sie dürfen allerdings das Maß des Notwendigen nicht überschreiten.

Leistungen, die nicht notwendig oder unwirtschaftlich sind:

- können Versicherte nicht beanspruchen
- dürfen die Leistungserbringer nicht bewirken
- dürfen die Krankenkassen nicht bewilligen

Die Versicherten erhalten die Leistungen vom Grundsatz her als Sach- und Dienstleistungen. § 13 SGB V enthält hier zwei wesentliche Ausnahmen, die auch für Rentner von großem Interesse sind:

- Die Krankenkasse kann eine unaufschiebbare Leistung nicht rechtzeitig erbringen oder sie lehnt eine Leistung zu Unrecht ab.
- Der Versicherte wählt statt der Sach- und Dienstleistungen die Kostenerstattung.

Zur ersten Möglichkeit ist zu beachten, dass die Krankenkasse hier die Kosten einer selbstbeschafften Leistung in der entstandenen Höhe zu erstatten hat. Voraussetzung ist natürlich, dass die Leistung notwendig war.

Leistungsarten

Bevor die Versicherten von ihrem Recht, anstelle der Sach- oder Dienstleistungen Kostenerstattung zu wählen, Gebrauch machen, sind sie von ihrer Krankenkasse zu beraten.

Wichtig: Eine Beschränkung der Wahl auf den ambulanten Bereich ist möglich.

Leistungserbringer, die im SGB V nicht aufgeführt sind, dürfen nur nach vorheriger Zustimmung der Krankenkasse in Anspruch genommen werden. Bei einem kollektiven Verzicht von Vertragsärzten auf die Zulassung zur vertragsärztlichen Versorgung dürfen Ärzte, die hieran teilgenommen haben, nicht herangezogen werden.

Im Übrigen kann eine Zustimmung erteilt werden, wenn medizinische oder soziale Gründe eine Inanspruchnahme der nicht im SGB V vorgesehenen Leistungserbringer rechtfertigen. Außerdem muss eine zumindest gleichwertige Versorgung gewährleistet sein.

Im Falle der Wahl der Kostenerstattung besteht Anspruch auf Erstattung höchstens in Höhe der Vergütung, die die Krankenkasse bei Erbringung als Sachleistung zu tragen hätte.

Die Satzung der Krankenkasse hat das Verfahren der Kostenerstattung zu regeln.

Dabei hat sie ausreichende Abschläge vom Erstattungsbetrag für Verwaltungskosten und fehlende Wirtschaftlichkeitsprüfungen vorzusehen sowie vorgesehene Zuzahlungen im Abzug zu bringen.

Wichtig: Die Versicherten sind an ihre Wahl der Kostenerstattung mindestens ein Jahr gebunden.

Leistungen können unter bestimmten Voraussetzungen auch in anderen Ländern des Europäischen Wirtschaftsraumes im Rahmen von Kostenerstattungen in Anspruch genommen werden.

Leistungsansprüche gegen Krankenkassen

Medizinische Vorsorgeleistungen

Medizinische Vorsorgeleistungen stellen sich wie folgt dar:

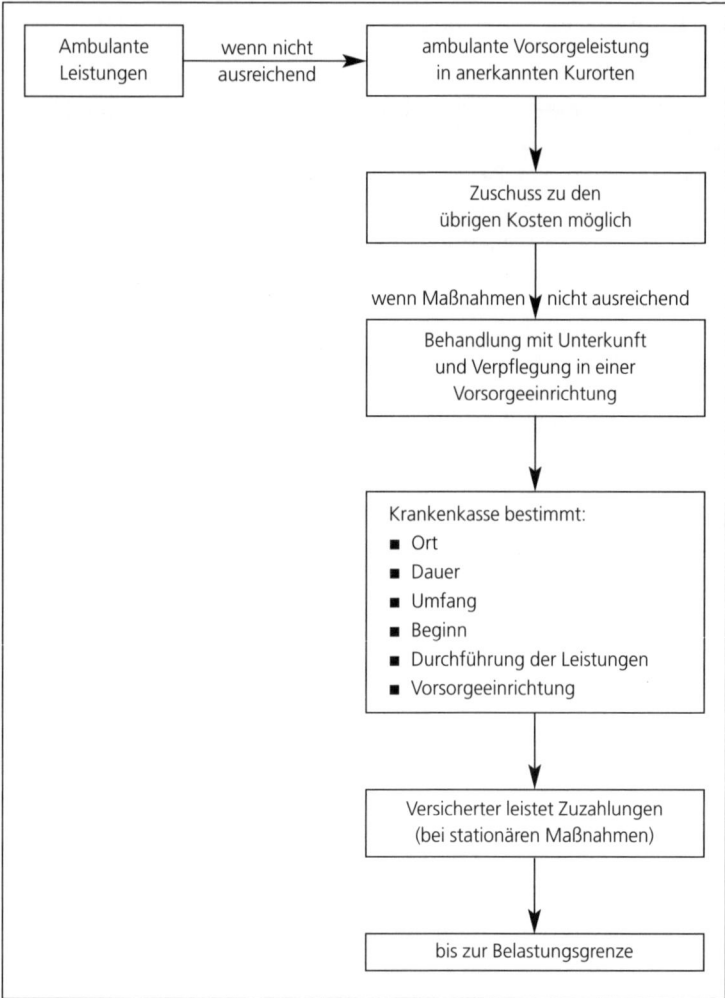

(Zur Belastungsgrenze siehe Seite 110.)

Leistungsarten

Krankheitsfrüherkennung

Die Grundsätze der Leistungen zur Krankheitsfrüherkennung lassen sich so darstellen:

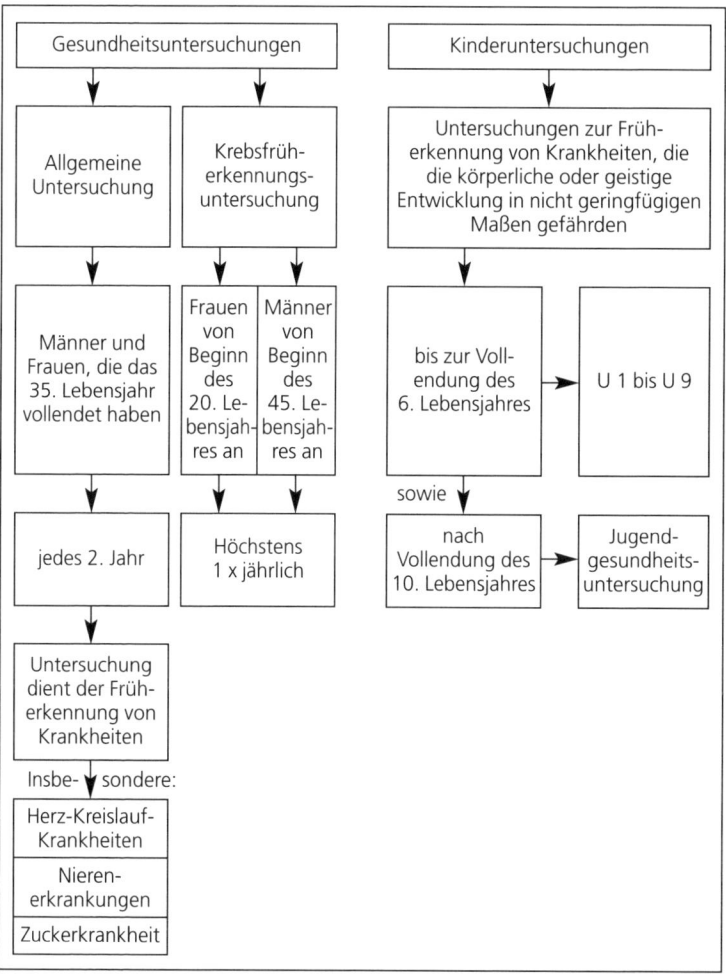

Wichtig: Für den Anspruchsnachweis genügt die Krankenversichertenkarte.

Leistungsansprüche gegen Krankenkassen

Krankenbehandlung

Versicherte haben Anspruch auf Krankenbehandlung, wenn sie notwendig ist:

- um eine Krankheit zu erkennen
- um eine Krankheit zu heilen
- um ihre Verschlimmerung zu verhüten
- um Krankheitsbeschwerden zu lindern

Die Krankenbehandlung wird in ambulanter und in stationärer Form gewährt.

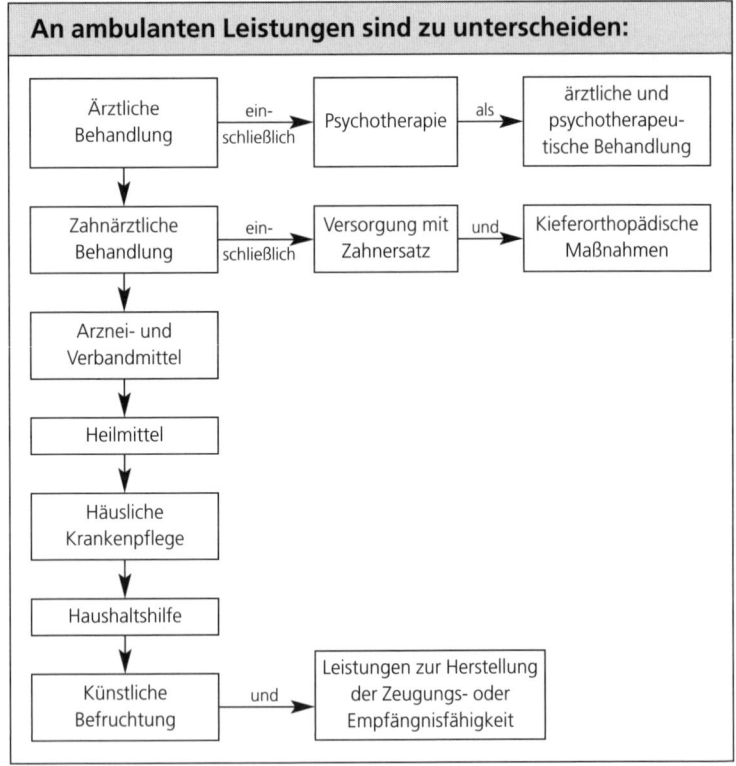

Leistungsarten

Bei der Krankenbehandlung ist den besonderen Bedürfnissen psychisch Kranker Rechnung zu tragen. Dies gilt insbesondere bei der Versorgung mit Heilmitteln und bei der medizinischen Rehabilitation.

Die ärztliche Behandlung umfasst die Tätigkeit des Arztes, die zur Verhütung, Früherkennung und Behandlung von Krankheiten nach den Regeln der ärztlichen Kunst ausreichend und zweckmäßig ist.

Zur ärztlichen Behandlung gehört auch die Hilfeleistung anderer Personen, die von dem Arzt angeordnet und von ihm zu verantworten sind.

Die zahnärztliche Behandlung umfasst die Tätigkeit des Zahnarztes, die zur Verhütung, Früherkennung und Behandlung von Zahn-, Mund- und Kieferkrankheiten nach den Regeln der zahnärztlichen Kunst ausreichend und zweckmäßig ist. Sie umfasst auch konservierend-chirurgische Leistungen und Röntgenleistungen, die im Zusammenhang mit Zahnersatz einschließlich Zahnkronen und Suprakonstruktionen erbracht werden.

Wählen Versicherte bei Zahnfüllungen eine darüber hinausgehende Versorgung, haben sie die Mehrkosten selbst zu tragen. In diesen Fällen ist von den Krankenkassen die vergleichbare preisgünstigste plastische Füllung als Sachleistung abzurechnen. Hier ist vor Behandlungsbeginn eine schriftliche Vereinbarung zwischen dem Zahnarzt und dem Versicherten zu treffen. Die Mehrkostenregelung gilt nicht für Fälle, in denen intakte plastische Füllungen ausgetauscht werden.

Nicht zur zahnärztlichen Behandlung gehören die kieferorthopädische Behandlung von Versicherten, die zu Beginn der Behandlung das 18. Lebensjahr bereits vollendet haben. Dies gilt allerdings nicht für Versicherte mit schweren Kieferanomalien in einem Ausmaß, das kombinierte kieferchirurgische und kieferorthopädische Behandlungsmaßnahmen erfordert. Ebenso gehören funktionsanalytische und funktionstherapeutische Maßnahmen nicht zur zahnärztlichen Behandlung. Sie dürfen von den Krankenkassen auch nicht bezuschusst werden.

Leistungsansprüche gegen Krankenkassen

Gleiches gilt für implantologische Leistungen, es sei denn, es liegen seltene Ausnahmeindikationen für besonders schwere Fälle vor, in denen die Krankenkasse diese Leistung einschließlich der Suprakonstruktion als Sachleistung im Rahmen einer medizinischen Gesamtbehandlung erbringt. Diese Ausnahmeindikationen sind vom Gemeinsamen Bundesausschuss in Richtlinien festzulegen.

Die psychotherapeutische Behandlung einer Krankheit wird durch psychologische Psychotherapeuten und Kinder- und Jugendlichenpsychotherapeuten, soweit sie zur psychotherapeutischen Behandlung zugelassen sind, sowie durch Vertragsärzte durchgeführt. Die Durchführung hat sich nach den Richtlinien des Gemeinsamen Bundesausschusses zu richten.

Im Übrigen darf die ärztliche Behandlung nur von Ärzten und nicht von anderen zur Ausübung der Heilkunde berechtigten Personen, wie beispielsweise von Heilpraktikern, durchgeführt werden. Das ist auch in dringenden Fällen nicht möglich.

Vom Arzt angeordnete Tätigkeiten, die in seiner Praxis (zum Beispiel Bestrahlungen oder Massagen) oder unter seiner Überwachung vorgenommen worden, gehören ebenfalls zur ärztlichen Behandlung.

Hier muss es sich allerdings um Hilfeleistungen handeln. Der Arzt ist nämlich grundsätzlich verpflichtet, seine Leistung persönlich zu erbringen. Für die genannten Tätigkeiten kommen nicht nur Angehörige von Heilhilfsberufen, sondern auch andere Personen (zum Beispiel in der psychiatrischen Praxis mitarbeitende Sozialarbeiter) in Betracht.

Immer müssen jedoch Tätigkeiten vorliegen, die vom Arzt zu verantworten sind. Um Tätigkeiten also, die innerhalb des Bereiches liegen, der der ärztlichen Berufsausübung zuzurechnen ist.

Die Ärzte haben bei der Durchführung der Behandlung und ihrer Anordnungen die Regeln der ärztlichen Kunst zu beachten. Außerdem haben sie die ärztliche Behandlung in ausreichendem und zweckmäßigem Umfang durchzuführen.

Leistungsarten

Wichtig: Das Gesetz schreibt in § 70 Abs. 2 SGB V ausdrücklich vor, dass – und zwar nicht nur bezogen auf die ärztliche Behandlung – die Krankenkassen und die Leistungserbringer durch geeignete Maßnahmen auf eine humane Krankenbehandlung ihrer Versicherten hinzuwirken haben. Es wird also eine menschliche Behandlung gefordert. Eigentlich eine Selbstverständlichkeit.

Die Versicherten sollten wissen, dass sie – gleichgültig, welcher Versichertengruppe sie angehören – Anspruch auf eine solche Behandlung haben. Dieser Anspruch steht im Übrigen Versicherten aller Kassenarten zu.

Es gibt immer wieder Klagen darüber, dass Versicherte einer Krankenkasse schlecht behandelt werden, zumindest aber schlechter als beispielsweise Privatpatienten.

Zu beachten ist in diesem Zusammenhang auch, dass sich Versicherte an den Beauftragten der Bundesregierung für die Belange der Patienten wenden können. Dieser Patientenbeauftragte ist nach ausdrücklicher Bestimmung in § 140h SGB V von der Bundesregierung zu benennen. Zurzeit hat Frau Helga Kühn-Mengel dieses Amt inne.

Aufgabe der beauftragten Person ist es, darauf hinzuwirken, dass die Belange von Patienten, besonders hinsichtlich ihrer Rechte auf umfassende und unabhängige Beratung und objektive Information durch Leistungserbringer (zum Beispiel Ärzte), Kostenträger und Behörden im Gesundheitswesen, berücksichtigt werden. Angesprochen ist die Beteiligung bei Fragen der Sicherstellung der medizinischen Versorgung.

> **Praxis-Tipp:**
>
> Scheuen Sie sich nicht, sich an die Beauftragte zu wenden, wenn Sie der Auffassung sind, beispielsweise von einem Leistungserbringer oder von einer Krankenkasse nicht so behandelt zu werden, wie es den gesetzlichen Vorschriften entspricht.

Leistungsansprüche gegen Krankenkassen

Sie erreichen die Beauftragte unter folgender Adresse: Geschäftsstelle der Patientenbeauftragten der Bundesregierung, Bundesministerium für Gesundheit, Frau Helga Kühn-Mengel, 11017 Berlin

Ist jemand der Auffassung, falsch – insbesondere nicht menschenwürdig – behandelt zu werden, kann er sich natürlich auch an seine Krankenkasse wenden. Außerdem sind Beschwerden bei der zuständigen Kassenärztlichen Vereinigung (Vertretung der im Gesetz als Vertragsärzte bezeichneten Kassenärzte) sowie bei der Ärztekammer möglich.

Im Übrigen gehört zur humanen Krankenbehandlung auch, dass der Anspruch auf ärztliche Behandlung nicht dann endet, wenn der Zustand des Kranken nach ärztlicher Ansicht hoffnungslos geworden ist.

Die Übernahme der Behandlung verpflichtet den an der vertragsärztlichen Versorgung teilnehmenden Arzt dem Patienten gegenüber zur Sorgfalt nach den Vorschriften des bürgerlichen Vertragsrechts.

Das bedeutet beispielsweise, dass Versicherte und ihre Angehörigen im Falle des Vorliegens eines ärztlichen Behandlungsfehlers (auch als Kunstfehler bezeichnet) sehr wohl Schadenersatzansprüche gegen den behandelnden Arzt geltend machen können.

Besondere Bedeutung hat in diesem Zusammenhang die Vorschrift des § 66 SGB V. Hier geht es um die Unterstützung der Versicherten durch die Krankenkassen bei Behandlungsfehlern.

> **Praxis-Tipp:**
> Im Falle des Verdachts eines ärztlichen Behandlungsfehlers wenden Sie sich an Ihre Krankenkasse.

Beachten Sie in diesem Zusammenhang auch das im Walhalla Fachverlag erschienene Buch „Kassenleistungen voll ausschöpfen", ISBN 978-3-8029-3758-3.

Leistungsarten

> **Praxis-Tipp:**
> Welche Ärzte an der vertragsärztlichen Versorgung teilnehmen, ergibt sich aus dem Ärzteverzeichnis Ihrer Krankenkasse. Fordern Sie ein solches kostenloses Verzeichnis an.

Freie Arztwahl

Die freie Arztwahl der Versicherten einer gesetzlichen Krankenkasse lässt sich wie folgt darstellen:

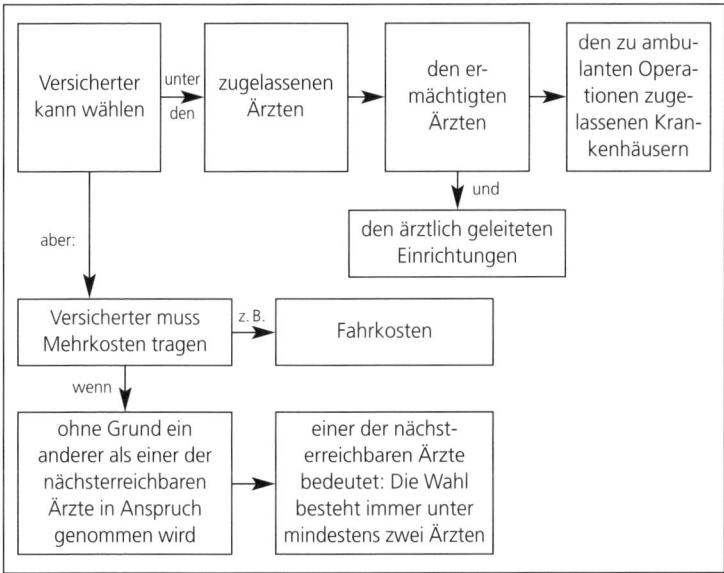

Sprechstunden – Besuchsbehandlungen – Überweisungen

Seine Sprechstunden muss der Vertragsarzt entsprechend dem Bedürfnis nach einer ausreichenden und zweckmäßigen vertragsärztlichen Versorgung und den Gegebenheiten seines Praxisbereiches festsetzen. Er muss die Sprechstunden auf einem Praxisschild mit festen Uhrzeiten bekannt geben.

Leistungsansprüche gegen Krankenkassen

Wichtig: Versicherte haben lediglich dann einen Anspruch auf Besuchsbehandlung, wenn ihnen das Aufsuchen des Arztes in dessen Praxisräumen wegen Krankheit nicht möglich ist. Die Krankenkassen haben ihre Versicherten darauf hinzuweisen.

Besuche außerhalb seines üblichen Praxisbereiches kann der Vertragsarzt ablehnen. Das gilt lediglich dann nicht, wenn es sich um einen dringenden Fall handelt und ein Vertragsarzt, in dessen Praxisbereich die Wohnung des Kranken liegt, nicht zu erreichen ist.

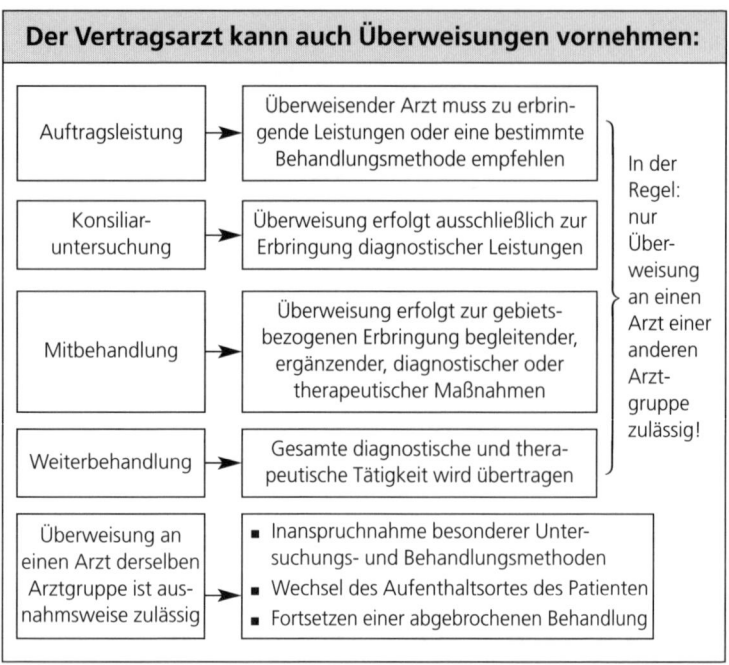

Versicherte, die das 18. Lebensjahr vollendet haben, müssen die so genannte Praxisgebühr bezahlen (siehe Seite 110).

Leistungsarten

Arznei- und Verbandmittel

Rechtsgrundlage für die Gewährung von Arznei- und Verbandmitteln ist insbesondere § 31 SGB V.

Die im Schaubild angesprochenen Leistungsausschlüsse sind in § 34 SGB V sowie in den entsprechenden Richtlinien des Gemeinsamen Bundesausschusses festgelegt. Die Festbeträge für Arznei- und Verbandmittel werden nach näherer Vorschrift des § 35 SGB V bestimmt.

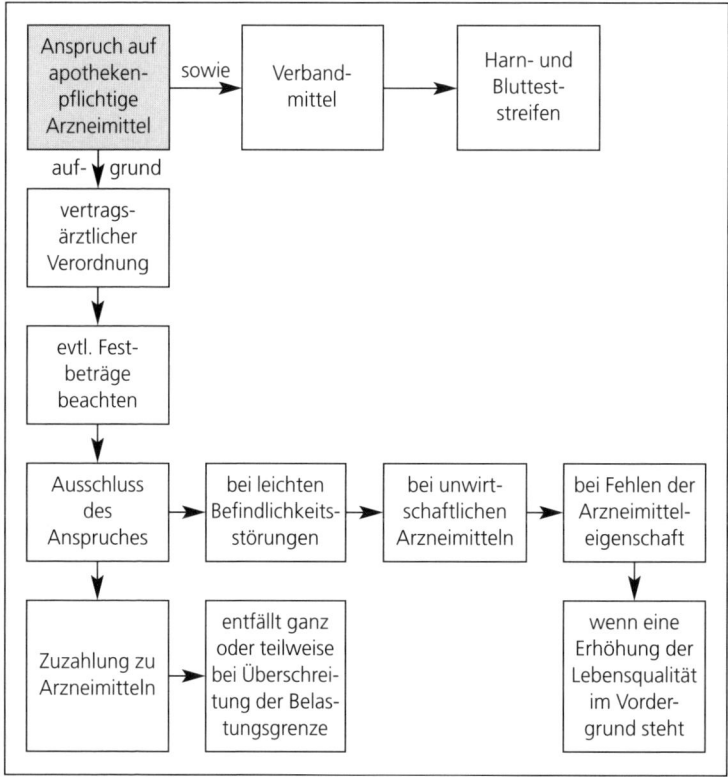

Wie aus dem Schaubild hervorgeht, sind von der Versorgung unter anderem Arzneimittel ausgeschlossen, bei deren Anwendung eine

Leistungsansprüche gegen Krankenkassen

Erhöhung der Lebensqualität im Vordergrund steht. Insbesondere sind Arzneimittel ausgeschlossen, die überwiegend dienen zur

- Behandlung der erektilen Dysfunktion
- Anreizung sowie Steigerung der sexuellen Potenz
- Raucherentwöhnung
- Abmagerung
- Zügelung des Appetits
- Regulierung des Körpergewichts
- Verbesserung des Haarwuchses

Versicherte, die das 18. Lebensjahr vollendet haben, leisten an die abgebende Stelle zu jedem zu Lasten der gesetzlichen Krankenversicherung verordneten Arznei- und Verbandmittel als Zuzahlung 10 % des Abgabepreises, mindestens jedoch 5 Euro und höchstens 10 Euro. Mehr als die Kosten des Mittels sind nicht zu erbringen. Die Zuzahlungen in der gesetzlichen Krankenversicherung sind nur bis zur Höhe der Belastungsgrenze zu entrichten (siehe Seite 110).

Heilmittel

Der Anspruch auf Heilmittel richtet sich nach § 32 SGB V, die Leistungsausschlüsse nach § 34 SGB V. Versicherte, die das 18. Lebensjahr vollendet haben, haben zu den Kosten der Heilmittel eine Zuzahlung zu erbringen, die an die abgebende Stelle zu zahlen ist. Die Zuzahlung beträgt 10 % der Kosten sowie 10 Euro je Verordnung.

Die Zuzahlungen sind insgesamt bis zur Belastungsgrenze zu entrichten (siehe Seite 110).

Leistungsarten

Der Anspruch auf Heilmittel lässt sich wie folgt darstellen:

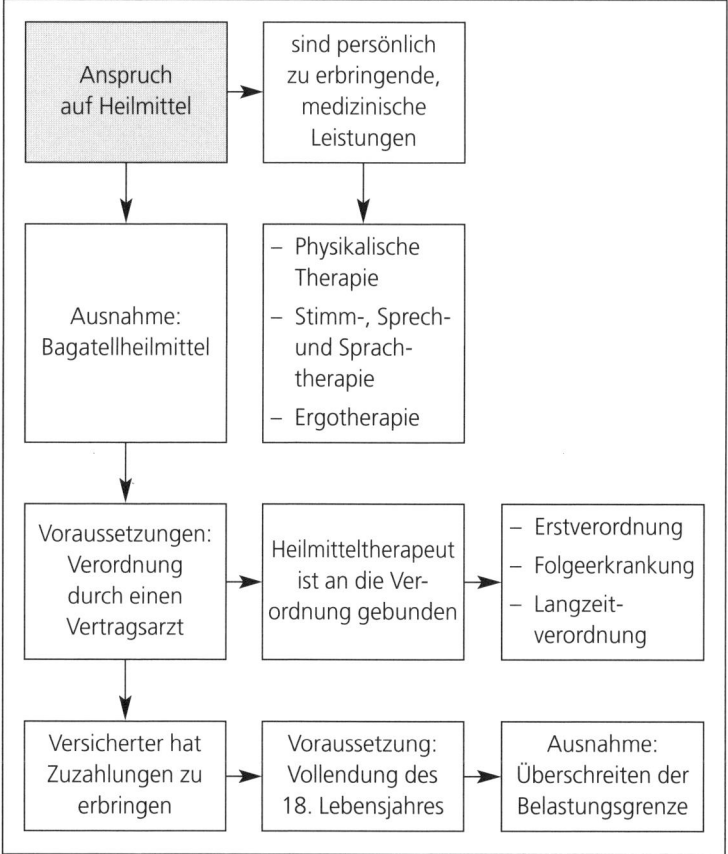

Leistungsansprüche gegen Krankenkassen

Hilfsmittel

Die Leistungen für Hilfsmittel stellen sich folgendermaßen dar:

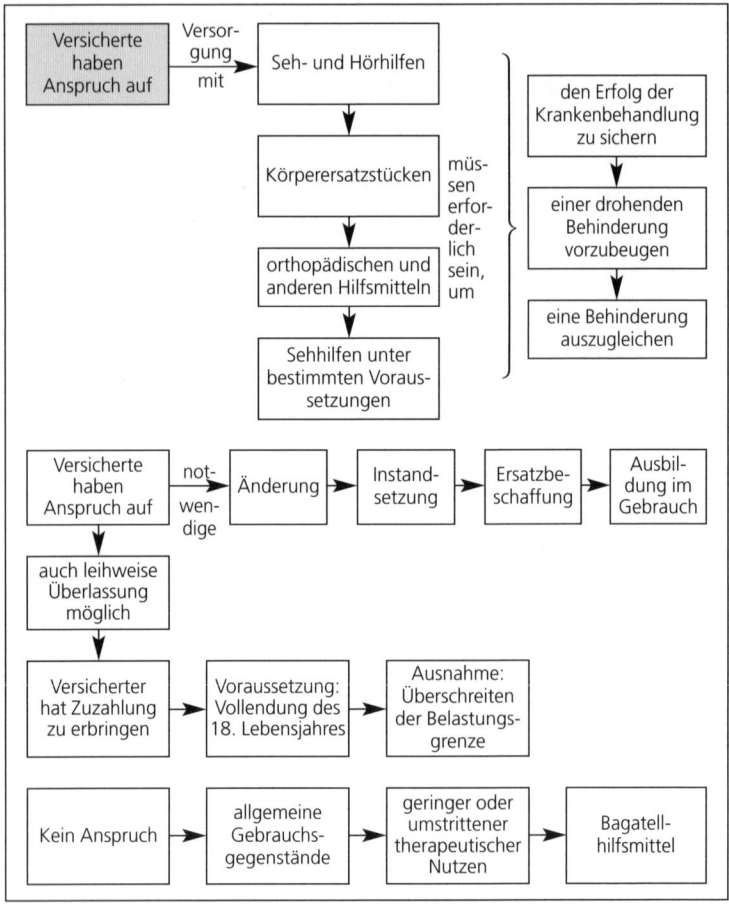

Der Anspruch auf Hilfsmittel ist in § 33 SGB V vorgesehen. Über die von den Krankenkassen zu gewährenden Hilfsmittel existiert ein Hilfsmittelverzeichnis.

Der Anspruch auf Sehhilfen ist stark eingeschränkt. Für Versicherte, die das 18. Lebensjahr vollendet haben, besteht ein solcher Anspruch nämlich nur, wenn sie aufgrund ihrer Sehschwäche oder Blindheit,

Leistungsarten

entsprechend der von der Weltgesundheitsorganisation empfohlenen Klassifikation des Schweregrades der Sehbeeinträchtigung, auf beiden Augen eine schwere Sehbeeinträchtigung haben. Die Sehbeeinträchtigung muss mindestens der Stufe 1 angehören. Anspruch auf therapeutische Sehhilfen besteht, wenn diese der Behandlung von Augenverletzungen oder Augenerkrankungen dienen.

Die Möglichkeit, Festbeträge für Hilfsmittel festzulegen, ist in § 36 SGB V geregelt. Über den Ausschluss von Hilfsmitteln bestimmt neben § 33 SGB V auch § 34 SGB V. Hier wird auch bestimmt, dass Anspruch auf Versorgung mit Kontaktlinsen für Versicherte, die nach den vorstehenden Voraussetzungen anspruchsberechtigt sind, nur in medizinisch begründeten Ausnahmefällen besteht.

Wichtig: Die Krankenkasse kann den Versicherten die erforderlichen Hilfsmittel auch leihweise überlassen. Sie kann im Übrigen die Bewilligung von Hilfsmitteln davon abhängig machen, dass die Versicherten sich die Hilfsmittel anpassen oder sich in ihrem Gebrauch ausbilden lassen.

Versicherte, die das 18. Lebensjahr vollendet haben, leisten zu jedem zu Lasten der gesetzlichen Krankenversicherung verordneten Hilfsmittel eine Zuzahlung in Höhe von 10 % des Abgabepreises, mindestens jedoch 5 Euro und höchstens 10 Euro. Mehr als die Kosten der Behandlung sind nicht zu übernehmen.

Besondere Eigenbeteiligungen bestehen bei Hilfsmitteln, die Gebrauchsgegenstände ersetzen, wie zum Beispiel orthopädische Schuhe.

Zuzahlungen sind bis zum Erreichen der Belastungsgrenze zu erbringen (siehe Seite 110).

Häusliche Krankenpflege

Rechtsgrundlage für die häusliche Krankenpflege ist § 37 SGB V.

Auch hier sind von Versicherten, die das 18. Lebensjahr vollendet haben, Zuzahlungen zu leisten. Die Zuzahlung beträgt 10 % der Kosten sowie 10 Euro pro Verordnung. Begrenzt ist die Zuzahlung auf die ersten 28 Kalendertage der Leistungsinanspruchnahme je

Leistungsansprüche gegen Krankenkassen

Kalendertag. Die Zuzahlungen haben bis zur Belastungsgrenze zu erfolgen (siehe Seite 110).

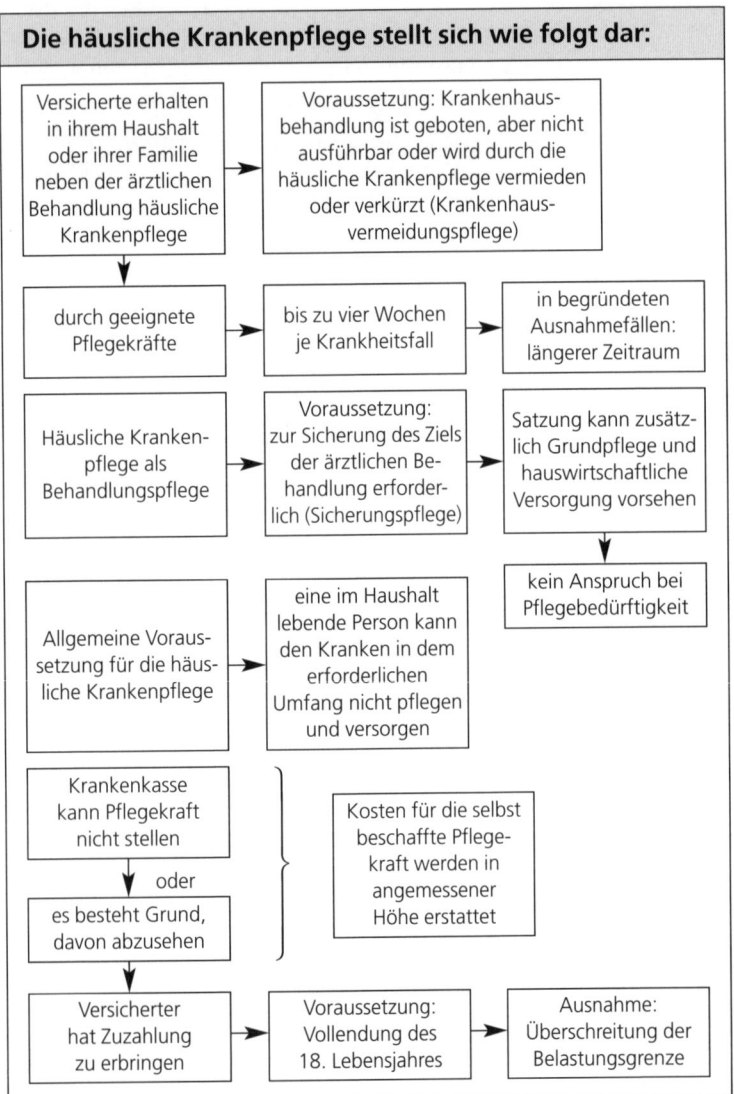

Die häusliche Krankenpflege stellt sich wie folgt dar:

Leistungsarten

In einem Gemeinsamen Rundschreiben zur häuslichen Krankenpflege haben die Spitzenverbände der Krankenkassen darauf hingewiesen, dass die Leistung „Häusliche Krankenpflege" auch dann zu gewähren ist, wenn die Notwendigkeit der stationären Behandlung im gegenwärtigen Zeitpunkt zwar noch nicht gegeben ist, jedoch ohne Gewährung häuslicher Krankenpflege unmittelbar bevorsteht.

Wird eine Krankenhausbehandlung durchgeführt, wirken die Krankenkassen unter Hinweis auf die Möglichkeit der häuslichen Krankenpflege in allen medizinisch vertretbaren Fällen auf eine frühzeitige Entlassung hin. Dabei arbeiten sie vor allem mit dem Krankenhaus und dem Vertragsarzt zusammen. Durch Kontaktaufnahme, beispielsweise mit der Sozialstation, ist die Rückkehr des Versicherten in seinen Haushalt vorzubereiten.

Hier wird dann die zweite Möglichkeit der Leistung „Häusliche Krankenpflege" verwirklicht, nämlich die Verkürzung der Krankenhausbehandlung (siehe Seite 80).

Der Gemeinsame Bundesausschuss beschäftigt sich in seinen Richtlinien unter anderem mit den Zielen der häuslichen Krankenpflege. Dabei unterscheidet er:

- die Krankenhausvermeidungspflege
- die Sicherungspflege

Ferner wird ausgeführt, dass die häusliche Krankenpflege als Sicherungspflege lediglich dann verordnet werden kann, wenn die ambulante vertragsärztliche Versorgung allein mit Unterstützung durch Maßnahmen der häuslichen Krankenpflege durchgeführt werden kann.

Leistungsansprüche gegen Krankenkassen

> **Praxis-Tipp:**
> Häusliche Krankenpflege kann nur mittels einer ärztlichen Verordnung beantragt werden. Voraussetzung für die Verordnung ist, dass sich der Vertragsarzt von dem Zustand des Kranken und der Notwendigkeit häuslicher Krankenpflege persönlich überzeugt hat oder dass ihm beides aus der laufenden Behandlung bekannt ist.

Inhalt der Leistungen

Die beiden Leistungsarten unterscheiden sich auch vom Inhalt der Leistung her. So umfasst die Krankenhausvermeidungspflege grundsätzlich:

- Behandlungspflege
- Grundpflege
- hauswirtschaftliche Versorgung

Dagegen ist Inhalt der Sicherungspflege die Behandlungspflege. Die Satzung der Krankenkasse kann aber als Mehrleistung bestimmen, dass die Krankenkasse zusätzlich zur Behandlungspflege als häusliche Krankenpflege auch folgende Leistungen erbringt:

- Grundpflege
- hauswirtschaftliche Versorgung

Dabei kann die Satzung Dauer und Umfang der Grundpflege und der hauswirtschaftlichen Versorgung vorschreiben.

Die Mehrleistung ist allerdings dann unzulässig, wenn Pflegebedürftigkeit im Sinne der sozialen Pflegeversicherung vorliegt.

Die Begriffe Behandlungspflege, Grundpflege und hauswirtschaftliche Versorgung werden durch die Spitzenverbände der Krankenkassen in ihrem Gemeinsamen Rundschreiben zur häuslichen Krankenpflege erläutert.

Leistungsarten

Pflege: Hier gelten zusammenfassend folgende Definitionen:

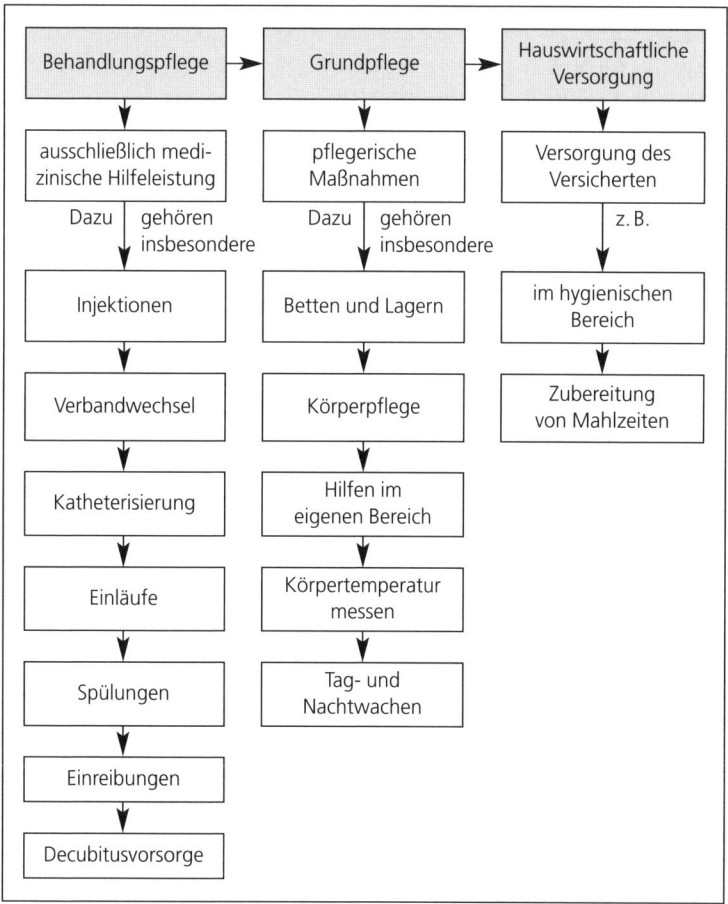

Anlage der Richtlinien des Gemeinsamen Bundesausschusses über die häusliche Krankenpflege ist ein Verzeichnis verordnungsfähiger Maßnahmen der häuslichen Krankenpflege. In diesem Verzeichnis werden bei behandlungspflegerischen Leistungen soweit möglich Aussagen zur Verordnungsdauer und zur Häufigkeit der Verrichtungen angegeben.

Leistungsansprüche gegen Krankenkassen

Hier handelt es sich aber lediglich um Empfehlungen für den Regelfall. Von diesen kann in begründeten Fällen abgewichen werden. Da bei Grundpflege und hauswirtschaftlicher Versorgung ein solcher Regelfall nicht beschrieben werden kann, sind hier Aussagen zur Dauer und Häufigkeit nicht enthalten.

Die Leistungen sind – so die Richtlinien des Bundesausschusses – unabhängig davon verordnungsfähig, ob es sich um somatische oder psychosomatische Krankheiten handelt. Bei der Verordnung durch den Vertragsarzt ist wegen der Krankheitsursache eine unterschiedliche Verordnungsdauer zu bedenken.

Haushaltshilfe

Wichtig: Der Versicherte muss den Haushalt bisher überwiegend selbst geführt haben. Deshalb ist der Anspruch auf Haushaltshilfe ausgeschlossen, wenn die wesentlichen Haushaltsarbeiten seither durch eine Hausangestellte verrichtet worden sind.

Allerdings kommt es nicht darauf an, warum eine andere im Haushalt lebende Person den Haushalt nicht weiterführen kann. So können dafür berufliche sowie während der Aus- und Fortbildung (von Waisenrentnern) auch schulische Verpflichtungen oder auch andere, zum Beispiel körperliche oder altersmäßige Gründe, ausschlaggebend sein.

Ein Hinderungsgrund für die Weiterführung des Haushalts wird von der Krankenkasse lediglich für die Tage bejaht werden, an denen entsprechende Verpflichtungen bestehen.

Haushalt mit Kind

Wie aus dem Schaubild auf Seite 85 hervorgeht, wird Haushaltshilfe lediglich dann gewährt, wenn im Haushalt ein Kind lebt, das das zwölfte Lebensjahr noch nicht vollendet hat oder das behindert und auf Hilfe angewiesen ist. Das zwölfte Lebensjahr ist am Tage vor dem zwölften Geburtstag vollendet.

Leistungsarten

Die Gewährung von Haushaltshilfe ist in § 38 SGB V geregelt:

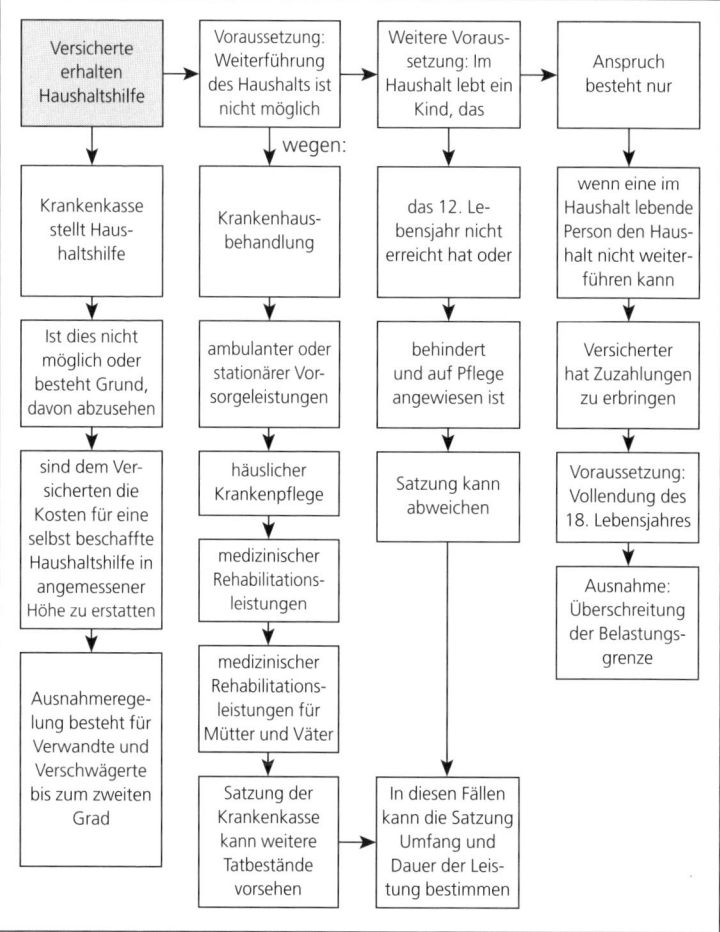

Ist das Kind behindert und auf Hilfe angewiesen, setzt der Anspruch auf Haushaltshilfe unbedingt voraus, dass das betreffende Kind nicht nur vorübergehend für die gewöhnlich und regelmäßig wiederkehrenden Verrichtungen im Ablauf des täglichen Lebens in erheblichem Umfang der Pflege oder Beaufsichtigung bedarf.

Leistungsansprüche gegen Krankenkassen

Achtung: Unterdurchschnittliche Begabung, Unkonzentriertheit, Nervosität, Labilität sowie ein Rückstand der geistigen Entwicklung stellen für sich allein keine Behinderung dar.

Ebenso sind akute Erkrankungen eines Kindes nicht als Behinderung anzusehen und führen nicht zu einer Aufhebung der Altersgrenze. Nach Ansicht der Spitzenverbände der Krankenkassen gilt die Aufhebung der Altersgrenze im Übrigen nur für behinderte Kinder, bei denen die Behinderung

- bis zur Vollendung des 18. Lebensjahres eingetreten ist
- bei Vorliegen von Schul- oder Berufsausbildung bis zur Vollendung des 25. Lebensjahres eingetreten ist

Wird durch das Kind während der Gewährung von Haushaltshilfe das zwölfte Lebensjahr vollendet, so erlischt der Anspruch nicht.

Es reicht vielmehr aus, wenn das Kind bei Beginn der Haushaltshilfe das zwölfte Lebensjahr noch nicht vollendet hat. Bezüglich der vorstehend erwähnten Daten „18. Lebensjahr" und „25. Lebensjahr" gilt dies ebenfalls.

Als Kind in diesem Sinne kommt nicht nur ein familienversichertes Kind, sondern jedes gewöhnlich im Haushalt lebende Kind in Betracht. Es spielt dabei keine Rolle, ob das Kind ein Familienangehöriger des Versicherten oder seines Ehegatten ist.

Zuzahlungen

Versicherte, die das 18. Lebensjahr vollendet haben, müssen als Zuzahlung je Kalenderjahr der Leistungsinanspruchnahme 10 % des Abgabepreises, mindestens jedoch 5 Euro und höchstens 10 Euro leisten. Mehr als die tatsächlichen Kosten müssen nicht aufgebracht werden.

Wichtig: Die Zuzahlungen sind lediglich bis zur Belastungsgrenze zu entrichten (siehe Seite 110).

Soziotherapie und sozialpädiatrische Leistungen

Rechtsgrundlage für diese Leistungen ist § 37a SGB V. Danach haben Versicherte, die wegen schwerer psychischer Erkrankungen nicht in der Lage sind, ärztliche oder auch ärztlich verordnete Leistungen selbständig in Anspruch zu nehmen, Anspruch auf Soziotherapie. Voraussetzung ist, dass dadurch Krankenhausbehandlung vermieden oder verkürzt wird. Das Gleiche gilt, wenn die Krankenhausbehandlung geboten, aber nicht ausführbar ist.

Die Soziotherapie umfasst die im Einzelfall erforderliche Koordinierung der verordneten Leistungen sowie Anleitung und Motivation zu deren Inanspruchnahme.

Der Anspruch besteht für höchstens 120 Stunden innerhalb von drei Jahren je Krankheitsfall.

Der Gemeinsame Bundesausschuss hat in Richtlinien das Nähere über Voraussetzungen, Art und Umfang der Leistung „Soziotherapie" festgelegt.

Versicherte Kinder haben Anspruch auf nichtärztliche sozialpädiatrische Leistungen.

Wichtig: Dieser Anspruch erstreckt sich insbesondere auf psychologische, heilpädagogische und psychosoziale Leistungen.

Die Leistungen müssen unter ärztlicher Verantwortung erbracht werden. Sie müssen erforderlich sein, um eine Krankheit zum frühestmöglichen Zeitpunkt zu erkennen und einen Behandlungsplan aufzustellen.

Hinweis: Leistungen dieser Art werden im Übrigen auch als Rehabilitationsmaßnahmen im Sozialgesetzbuch – Neuntes Buch (SGB IX) vorgesehen, das auch für die gesetzliche Krankenversicherung gilt.

Leistungsansprüche gegen Krankenkassen

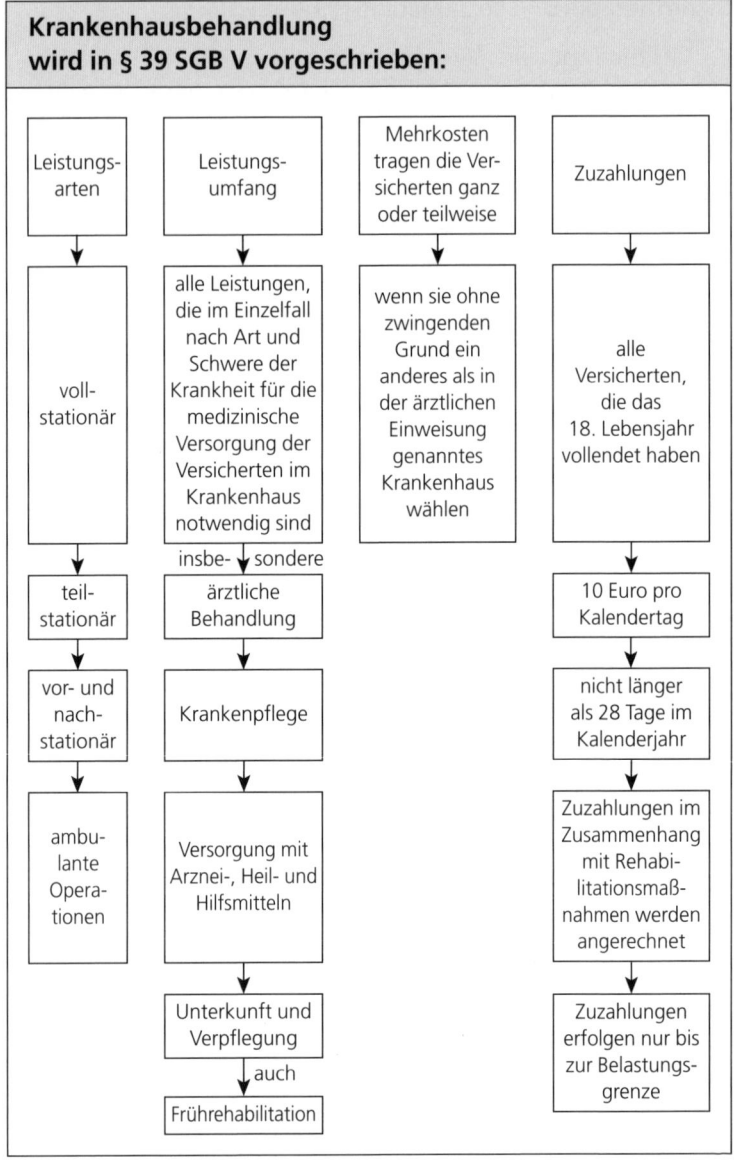

Leistungsarten

Von einem Vertragsarzt darf Krankenhausbehandlung nur verordnet werden, wenn eine ambulante Versorgung der Versicherten zur Erzielung des Heil- und Linderungserfolges nicht ausreicht.

In der Verordnung ist die Notwendigkeit der Krankenhausbehandlung zu begründen. Allerdings sind in den geeigneten Fällen auch die beiden nächsterreichbaren, für die vorgesehene Krankenhausbehandlung geeigneten Krankenhäuser anzugeben.

Zu den allgemeinen Krankenhausleistungen, zu deren Übernahme die Krankenkasse bei einem Kind verpflichtet ist, gehören grundsätzlich auch die durch den medizinisch notwendigen Aufenthalt eines Elternteils im Krankenhaus entstehenden Kosten.

Krankenhausbehandlung ist wegen einer behandlungsbedürftigen Erkrankung erforderlich. Allerdings besteht eine Leistungsverpflichtung der Krankenkasse dann nicht, wenn die erforderlichen Pflegemaßnahmen in einem Krankenhaus lediglich dem Zweck dienen, einem Zustand der Hilflosigkeit zu begegnen (Pflegefall). Ein Pflegefall ist auch dann anzunehmen, wenn sich ein chronischer Krankheitszustand mit den besonderen medizinischen Mitteln eines Krankenhauses nicht mehr beeinflussen lässt.

In der Regel ist die Pflegeversicherung beim Vorliegen eines Pflegefalles für die Leistungsgewährung zuständig (siehe Seite 127).

Wichtig: Die Dauer der Krankenhausbehandlung ist zeitlich nicht begrenzt, sondern wird allein durch die Krankenhausbehandlungsbedürftgkeit bestimmt.

Das Krankenhaus kann Versicherte bei Verordnung von Krankenhausbehandlung in medizinisch geeigneten Fällen ohne Unterkunft und Verpflegung behandeln, um:

- die Erforderlichkeit einer vollstationären Krankenhausbehandlung zu klären oder die vollstationäre Krankenhausbehandlung vorzubereiten (vorstationäre Behandlung)

Leistungsansprüche gegen Krankenkassen

- im Anschluss an eine vollstationäre Krankenhausbehandlung den Behandlungserfolg zu sichern oder zu festigen (nachstationäre Behandlung)

Die vorstationäre Behandlung ist auf längstens drei Behandlungstage innerhalb von fünf Tagen vor Beginn der stationären Behandlung begrenzt. Die nachstationäre Behandlung darf sieben Behandlungstage innerhalb von 14 Tagen nach Beendigung der stationären Krankenhausbehandlung, bei Organübertragungen drei Monate, nicht überschreiten.

In medizinisch begründeten Einzelfällen können die Fristen von 14 Tagen oder drei Monaten im Einvernehmen mit dem einweisenden Arzt verlängert werden. Kontrolluntersuchungen bei Organübertragungen dürfen vom Krankenhaus auch nach Beendigung der nachstationären Behandlung fortgeführt werden, um die weitere Krankenbehandlung oder Maßnahmen der Qualitätssicherung wissenschaftlich zu begleiten oder zu unterstützen.

Ambulante Operationen sollen in der Regel auf Veranlassung eines niedergelassenen Vertragsarztes unter Verwendung einer Überweisung durchgeführt werden (siehe Seite 73).

Über Art und Umfang der ambulanten Operation entscheidet der für die Operation verantwortliche Arzt. Er ist dabei verpflichtet, in jedem Einzelfall zu prüfen, ob Art und Schwere des beabsichtigten Eingriffs unter Berücksichtigung des Gesundheitszustandes der Patienten die ambulante Durchführung der Operation nach den ärztlichen Regeln mit den zur Verfügung stehenden Möglichkeiten erlauben.

Zugleich muss sich der verantwortliche Arzt vergewissern und dafür Sorge tragen, dass der Patient nach Entlassung aus der unmittelbaren Betreuung des operierenden Arztes auch im häuslichen Bereich sowohl ärztlich als gegebenenfalls auch pflegerisch in qualifizierter Weise versorgt wird.

Der Versicherte, der das 18. Lebensjahr vollendet hat, zahlt vom Beginn der Krankenhausbehandlung an innerhalb eines Kalenderjahres für längstens 28 Tage 10 Euro pro Kalendertag an das Krankenhaus.

Die an einen Träger der gesetzlichen Rentenversicherung zu leistenden Zuzahlungen (im Rahmen von vor der Krankenhausbehandlung erbrachten Rehabilitationsleistungen) von 10 Euro täglich sind anzurechnen. (Zu den Rehabilitationsleistungen siehe Seite 92.)

Wichtig: Diese Anrechnung hat auch dann zu erfolgen, wenn zwar vor der Krankenhausbehandlung eine medizinische Rehabilitationsmaßnahme des Rentenversicherungsträgers erfolgt, die Zuzahlung aber tatsächlich erst nach der Krankenhausbehandlung geleistet worden ist.

Hat die Krankenkasse Zuzahlungsbeträge erhalten und stellt sich nachträglich heraus, dass wegen einer vorausgegangenen Rehabilitationsmaßnahme noch eine Zuzahlungsverpflichtung gegenüber dem Rentenversicherungsträger besteht, findet ein nachträglicher Ausgleich der Zuzahlungsbeträge zwischen Krankenkasse und Rentenversicherungsträger statt.

Die während einer stationären Rehabilitationsmaßnahme der Krankenversicherung zu leistende Zuzahlung ist ebenfalls anzurechnen (siehe Seite 93).

Hospizbehandlung

Versicherte, die keiner Krankenhausbehandlung bedürfen, haben Anspruch auf einen Zuschuss zu stationärer oder teilstationärer Versorgung in Hospizen. Es handelt sich hier um Einrichtungen, in denen palliativ-medizinische Behandlung (lindernde, nicht heilende Behandlung) erbracht wird. Voraussetzung ist, dass eine ambulante Versorgung im Haushalt oder der Familie des Versicherten nicht erbracht werden kann.

Leistungsansprüche gegen Krankenkassen

Die Höhe des Zuschusses ist in der Satzung der Krankenkasse festzulegen. Er darf im Jahre 2006 kalendertäglich 147 Euro nicht unterschreiten.

Wichtig: Unter Anrechnung der Leistungen anderer Sozialleistungsträger dürfen die tatsächlichen kalendertäglichen Kosten der Hospizbehandlung nicht überschritten werden.

Das Gesetz kennt auch (und zwar in § 39a Abs. 2 SGB V) die Förderung ambulanter Hospizdienste durch die gesetzlichen Krankenkassen. Es geht hier um Versicherte, die keiner Krankenhausbehandlung und keiner stationären oder teilstationären Versorgung in einem Hospiz bedürfen. Die Hospizdienste müssen qualifizierte ehrenamtliche Sterbebegleitung in dem Haushalt oder der Familie des Versicherten erbringen. Der Hospizdienst muss mit palliativmedizinisch erfahrenen Pflegediensten und Ärzten zusammenarbeiten. Außerdem muss der Hospizdienst unter der fachlichen Verantwortung einer Krankenschwester, eines Krankenpflegers oder einer anderen fachlich qualifizierten Person stehen, die über mehrjährige Erfahrung in der palliativ-medizinischen Pflege oder über eine entsprechende Weiterbildung verfügt. Außerdem muss die Person eine Weiterbildung als verantwortliche Pflegefachkraft oder in Leitungsfunktionen nachweisen.

Rehabilitationsmaßnahmen

Die Krankenkassen können auch Leistungen zur medizinischen Rehabilitation erbringen. Rechtsgrundlage sind hier die §§ 40, 41 SGB V.

Leistungsarten

Rehabilitationsleistungen lassen sich folgendermaßen skizzieren:

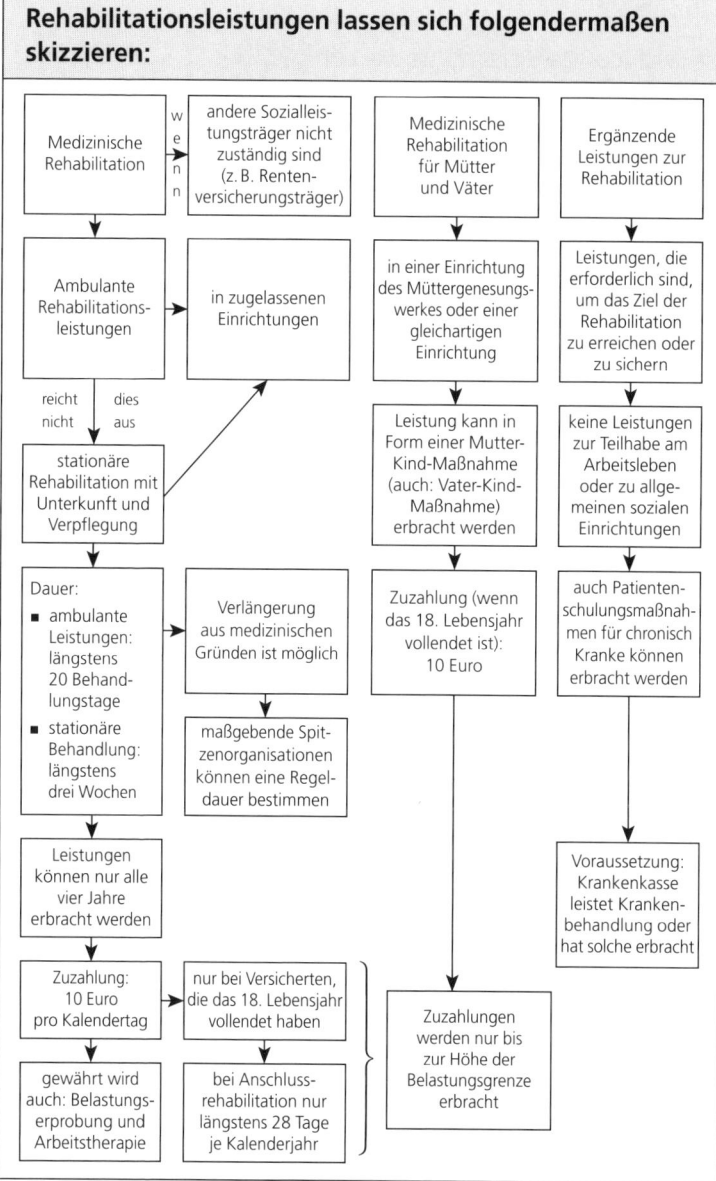

Leistungsansprüche gegen Krankenkassen

Zahnersatz

Die Leistung „Zahnersatz" wird in den §§ 55 bis 58 SGB V geregelt. So ist in § 55 SGB V ein Anspruch auf befundbezogene Festzuschüsse bei einer medizinisch notwendigen Versorgung mit Zahnersatz einschließlich Zahnkronen und Suprakonstruktionen vorgesehen. Dabei handelt es sich um zahnärztliche und zahntechnische Leistungen.

Der Leistungsanspruch besteht für die Fälle, in denen eine zahnprothetische Versorgung notwendig ist und die geplante Versorgung einer Methode entspricht, die durch den Gemeinsamen Bundesausschuss anerkannt ist. Die hiernach erlassenen Festzuschuss-Richtlinien enthalten in einer Tabelle die Befunde und die Regelversorgung.

In der Präambel zu den Richtlinien wird ausgeführt, dass sich die dem jeweiligen Befund zugeordnete zahnprothetische Versorgung an den zahnmedizinisch notwendigen Leistungen orientiert, die zu einer ausreichenden zweckmäßigen und wirtschaftlichen Versorgung mit Zahnersatz gehören.

Bei der Zuordnung der Regelversorgung sind auch die Funktionsdauer, die Stabilität und ferner die Gegenbezahnung berücksichtigt worden.

Als Regelversorgung ist festsitzender Zahnersatz grundsätzlich indiziert, wenn eine natürliche Gegenbezahnung vorhanden ist. Dabei wird funktionstüchtiger festsitzender Zahnersatz oder zeitgleich einzugliedernder festsitzender Zahnersatz der natürlichen Gegenbezahnung gleichgestellt.

Die Festzuschüsse betragen 50 % der festgesetzten Beträge für die jeweilige Regelversorgung und erhöhen sich für eigene Bemühungen zur Gesunderhaltung der Zähne um 20 % der Festzuschüsse. Die Erhöhung entfällt, wenn:

- der Gebisszustand des Versicherten regelmäßige Zahnpflege nicht erkennen lässt
- der Versicherte während der letzten fünf Jahre vor Behandlungsbeginn die Vorsorgeuntersuchungen nicht in jedem Kalenderjahr in Anspruch genommen hat beziehungsweise sich nach Vollendung des 18. Lebensjahres nicht wenigstens einmal in jedem Kalenderjahr hat zahnärztlich untersuchen lassen.

Wichtig: Die Festzuschüsse erhöhen sich um weitere 10 %, wenn der Versicherte seine Zähne regelmäßig gepflegt und in den letzten zehn Kalenderjahren vor Behandlungsbeginn die oben geschilderten Untersuchungen ohne Unterbrechung in Anspruch genommen hat. Für Versicherte, die nach dem 31.12.1978 geboren sind, gilt der Nachweis für eigene Bemühungen zur Gesunderhaltung der Zähne für die Jahre 1997 und 1998 als erbracht, weil für diese Versicherten in den beiden genannten Jahren kein Anspruch auf Zahnersatz bestand.

> **Praxis-Tipp:**
>
> Lassen Sie sich alle Untersuchungen vom Zahnarzt im so genannten Bonusheft bescheinigen. Sie erhalten dieses Heft kostenlos beim Zahnarzt. Mit dem Eintrag gilt auch die regelmäßige Gebisspflege als nachgewiesen.

Wichtig: Für so genannte aufwändige Versorgungsformen erhält der Versicherte nicht immer den vollen Kassenanteil. So ist zum Beispiel der Anspruch bei großen Brücken zum Ersatz von mehr als vier fehlenden Zähnen je Kiefer auf den Kassenanteil für vier zu ersetzende Zähne, bei Brücken mit mehr als drei fehlenden Zähnen je Seitenzahngebiet auf den Anteil für drei zu ersetzende Zähne begrenzt.

Leistungsansprüche gegen Krankenkassen

Wichtig: Wählen Versicherte einen über die Regelversorgung hinausgehenden gleichartigen Zahnersatz, haben sie die Mehrkosten selbst zu tragen.

Von privaten Krankenversicherungsunternehmen werden hier Ergänzungstarife angeboten.

Heil- und Kostenplan

Vor Durchführung aller zahntechnischen Leistungen einschließlich Zahnersatz muss der Zahnarzt einen die gesamte Behandlung umfassenden Heil- und Kostenplan zur Vorlage bei der Krankenkasse ausstellen.

Wichtig: Für diese Behandlung darf von den Versicherten keine Gebühr verlangt werden. Ebenso dürfen keine Pauschalen, beispielsweise für Materialkosten, die beim Zahnarzt anfallen, in Rechnung gestellt werden. Diese Leistungen sind im Rahmen der vertragszahnärztlichen Versorgung für die Versicherten unentgeltlich zu erbringen.

Für Füllungen und Zahnersatzleistungen gilt eine Gewährleistungspflicht des Zahnarztes von mindestens zwei Jahren.

Besonderheiten gibt es bei so genannten Härtefällen (siehe Seite 97).

Krankengeld-Mutterschaftsgeld

Der Anspruch auf Krankengeld stellt auf die Arbeitsunfähigkeit ab. Das Krankengeld hat Lohnersatzfunktion. Personen, die als Rentenantragsteller oder Rentner versichert sind, haben deshalb keinen Anspruch auf diese Leistungen.

Hier ist allerdings zu beachten, dass in vielen Fällen während einer längerdauernden Arbeitsunfähigkeit ein Rentenantrag gestellt wird und der Rentenbeginn oftmals in die Zeit des Krankengeldbezuges fällt. Das Gesetz lässt es natürlich nicht zu, dass beide Leistungen nebeneinander bezogen werden.

Leistungsarten

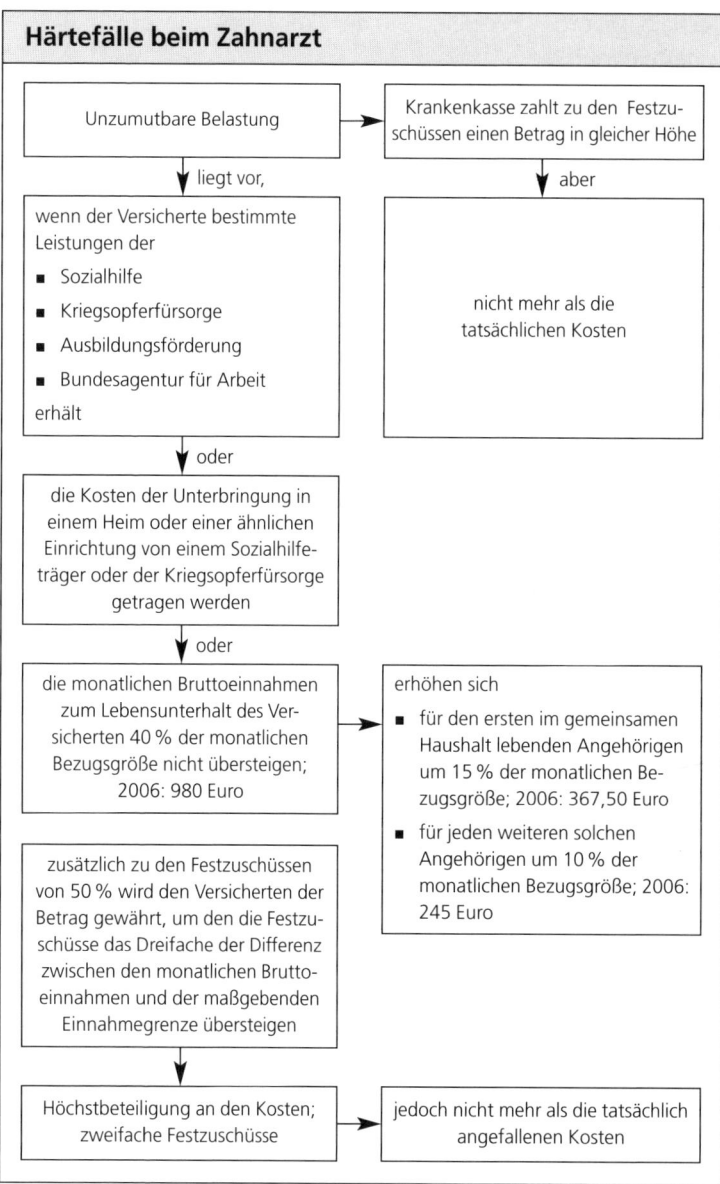

Leistungsansprüche gegen Krankenkassen

Deshalb ist vorgeschrieben, dass der Krankengeldanspruch für Versicherte endet, die

- Rente wegen voller Erwerbsminderung oder Vollrente wegen Alters aus der gesetzlichen Rentenversicherung beziehen
- Ruhegehalt, das nach beamtenrechtlichen Vorschriften oder Grundsätzen gezahlt wird, erhalten
- Vorruhestandsgeld bekommen
- Leistungen erhalten, die ihrer Art nach den Renten wegen voller Erwerbsminderung oder der Vollrente wegen Alters oder dem Ruhegehalt vergleichbar sind, wenn sie von einem Träger der gesetzlichen Rentenversicherung oder einer staatlichen Stelle im Ausland gezahlt werden

Ist über den Leistungsbeginn hinaus Krankengeld gezahlt worden, hat die Krankenkasse einen Erstattungsanspruch gegen den Rentenversicherungsträger aus der Rente.

Wichtig: Renten wegen voller Erwerbsminderung werden meist rückwirkend gezahlt. Allerdings kommt es oft zu Nachzahlungen von Rentenbeträgen. In der Praxis behält der Rentenversicherungsträger die Nachzahlung ein und wartet ab, ob – beispielsweise – eine Krankenkasse Erstattungsansprüche geltend macht.

Bleibt nach Abzug der Erstattungsansprüche noch Rente übrig, wird diese selbstverständlich an den Versicherten ausgezahlt.

Wichtig: Übersteigt das Krankengeld für den betreffenden Zeitraum die Rente, kann der überschießende Betrag vom Versicherten nicht zurückgefordert werden.

Wird eine der oben genannten Leistungen nicht mehr gezahlt, entsteht ein (neuer) Anspruch auf Krankengeld. Voraussetzung ist, dass das Mitglied bei Eintritt einer erneuten Arbeitsunfähigkeit mit Anspruch auf Krankengeld versichert ist.

Leistungsarten

Rente und Krankengeld

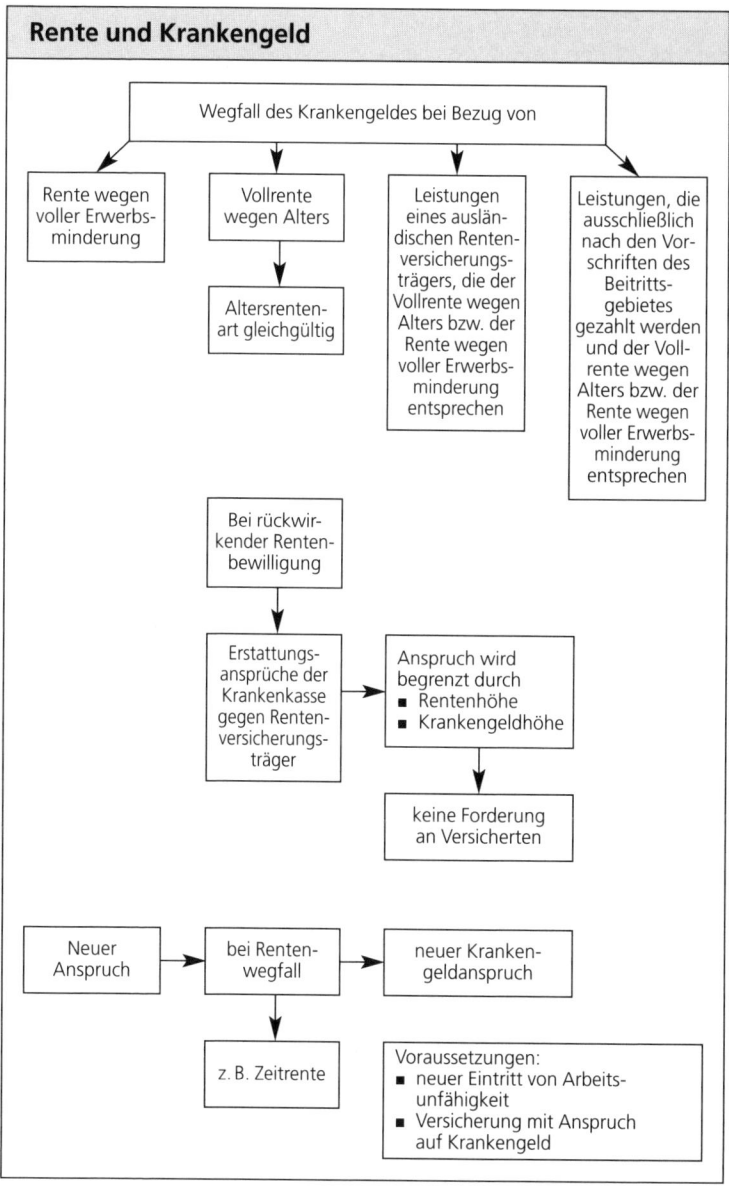

Leistungsansprüche gegen Krankenkassen

Das Krankengeld wird insbesondere um den Zahlbetrag der folgenden Leistungen gekürzt:

- Altersrente, der Rente wegen Erwerbsminderung oder der Landabgaberente aus der Alterssicherung der Landwirte
- um die Rente wegen teilweiser Erwerbsminderung, Berufsunfähigkeit oder der Teilrente wegen Alters aus der gesetzlichen Rentenversicherung
- um eine vergleichbare Leistung, die von einer ausländischen Stelle erbracht wird

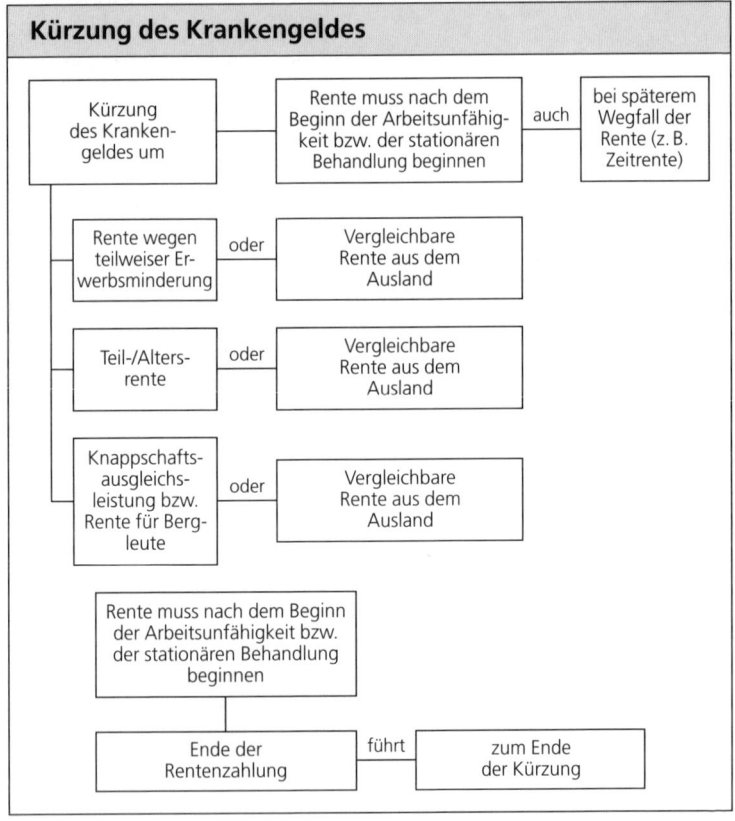

Leistungsarten

Wichtig: Die Kürzung erfolgt aber nur dann, wenn die Rentenleistung ab einem Zeitpunkt nach dem Beginn der Arbeitsunfähigkeit oder der stationären Behandlung zuerkannt wird.

Rehabilitationsantrag oder Rentenantrag

Die das Krankengeld gewährende Krankenkasse hat nach dem Gesetz nicht das Recht, den Versicherten aufzufordern, einen Antrag auf Rente wegen voller oder teilweiser Erwerbsminderung zu stellen. Sie kann ihn aber dahingehend beraten, dass er einen Rentenantrag mit Aussicht auf Erfolg stellen kann.

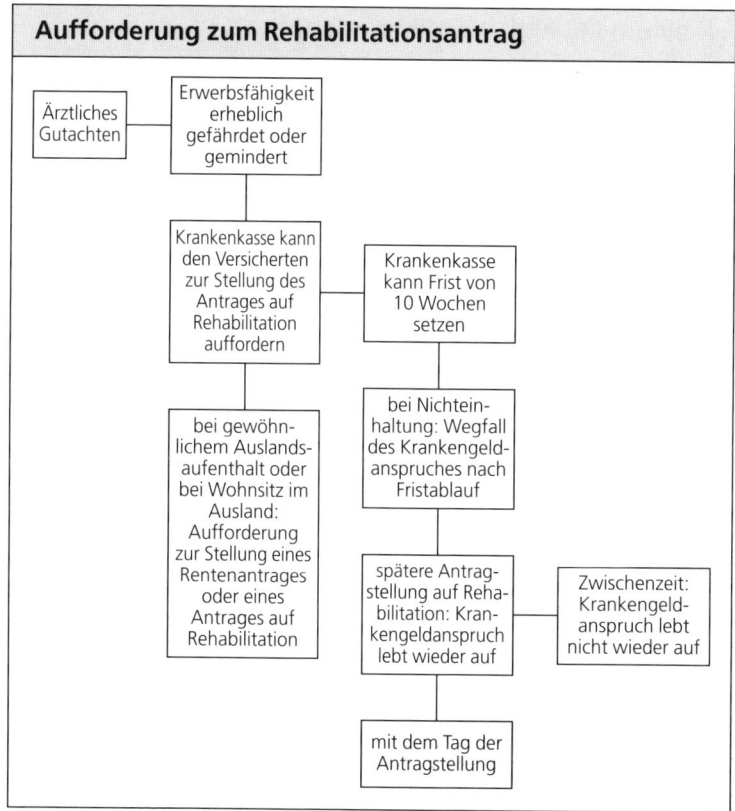

Leistungsansprüche gegen Krankenkassen

In der Praxis geschieht dies nach der Untersuchung durch den MDK, wenn dort eine entsprechende Feststellung getroffen wurde.

Besteht ein Anspruch auf Regelaltersrente (Vollendung des 65. Lebensjahres erforderlich), kann die Krankenkasse den Versicherten unter Fristsetzung (zehn Wochen) auffordern, einen Rentenantrag zu stellen. Tut er das nicht, entfällt der Anspruch auf Krankengeld.

Welche Möglichkeiten die Krankenkasse aber hat, die Dauer der Krankengeldzahlung zu beeinflussen, entnehmen Sie bitte den Schaubildern auf dieser Seite und auf Seite 101:

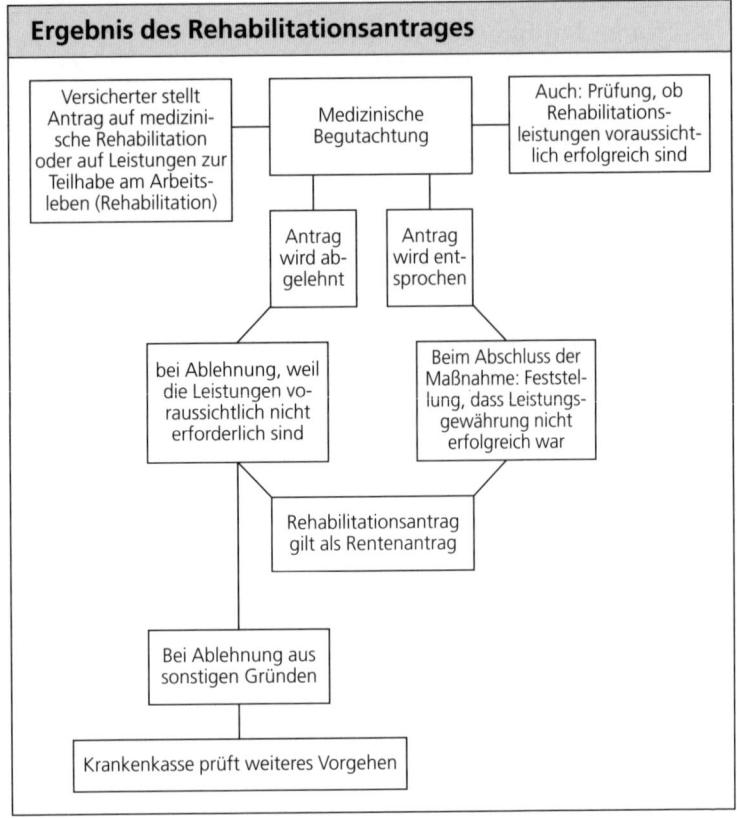

Leistungsarten

Höhe und Berechnung des Krankengeldes

Das Krankengeld beträgt 70 % des so genannten Regelentgelts. Beim Regelentgelt handelt es sich um das erzielte regelmäßige Arbeitsentgelt und Arbeitseinkommen, soweit es der Beitragsberechnung unterliegt.

Das aus dem Arbeitsentgelt berechnete Krankengeld darf 90 % des Nettoarbeitsentgelts nicht übersteigen.

Das Krankengeld wird für Kalendertage gezahlt. Ist es für einen ganzen Kalendermonat zu gewähren, ist dieser mit 30 Tagen anzusetzen.

Formel:

Entgelt des letzten Abrechnungszeitraumes
./. einmalig gezahltes Entgelt

Ergebnis:

$$\frac{\text{Zu berücksichtigendes Entgelt}}{\text{Zahl der Stunden}} = \text{Stundenlohn}$$

Stundenlohn x wöchentliche Arbeitsstunden : 7 = Regelentgelt

Für die Berechnung des Regelentgelts ist der Teil des einmalig gezahlten Arbeitsentgelts, das in den letzten zwölf Kalendermonaten vor Beginn der Arbeitsunfähigkeit der Beitragsberechnung zugrunde gelegen hat, dem Arbeitsentgelt hinzuzurechnen.

Wird das Arbeitsentgelt nach Monaten berechnet oder ist eine Berechnung des Regelentgelts nach den obigen Grundsätzen nicht möglich, gilt der dreißigste Teil des im letzten vor Beginn der Arbeitsunfähigkeit abgerechneten Kalendermonat erzielten und um einmalig gezahltes Arbeitsentgelt verminderten Arbeitsentgelts als Regelentgelt.

Leistungsansprüche gegen Krankenkassen

> **Formel:**
>
> Arbeitsentgelt des letzten Bemessungszeitraumes
> ./. einmalig gezahltes Arbeitsentgelt
>
> **Ergebnis:**
>
> $$\frac{\text{Zu berücksichtigendes Arbeitsentgelt}}{30} = \text{Regelentgelt}$$

Das Regelentgelt wird bis zur Höhe des Betrages der kalendertäglichen Beitragsbemessungsgrenze berücksichtigt. 2006 beläuft sich dieser Betrag auf 118,75 Euro. Er gilt sowohl in den alten als auch in den neuen Bundesländern.

Sonderfall: Krankengeld bei Erkrankung eines Kindes

Das Krankengeld bei Erkrankung eines Kindes kommt nur bei Arbeitnehmern in Betracht. In Zusammenhang mit der Krankenversicherung der Rentner wird auf diese Leistung deshalb nicht näher eingegangen.

> **Praxis-Tipp:**
>
> Beachten Sie zu den Ansprüchen auf Krankengeld auch die im Walhalla Fachverlag erschienenen Bücher:
>
> - „Kassenleistungen voll ausschöpfen",
>   ISBN 978-3-8029-3758-3
>
> - „Kranke Arbeitnehmer brauchen Geld",
>   ISBN 978-3-8029-3684-5

Mutterschaftsgeld

Auch diese Leistung spielt in Zusammenhang mit der Krankenversicherung der Rentner keine besondere Rolle. Der Anspruch besteht für weibliche Mitglieder einer Krankenkasse, die bei Arbeits-

Leistungsarten

unfähigkeit Anspruch auf Krankengeld haben oder denen wegen Schutzfristen vor und nach Entbindung kein Arbeitsentgelt gezahlt wird.

Anspruch auf Leistungen bei Schwangerschaft und Mutterschaft	
Sachleistungen:	■ ärztliche Betreuung, auch: – Untersuchungen zur Feststellung der Schwangerschaft und zur Schwangerenvorsorge – Beratung der Schwangeren zur Bedeutung der Mundgesundheit von Mutter und Kind ■ Arznei- und Verbandmittel ■ Heilmittel ■ stationäre Entbindung ■ häusliche Pflege ■ Haushaltshilfe
Geldleistung:	■ Mutterschaftsgeld

Praxis-Tipp:

Beachten Sie dazu bitte das im Walhalla Fachverlag erschienene Buch „Werdende Mütter brauchen Geld", ISBN 978-3-8029-3778-1.

Leistungsansprüche gegen Krankenkassen

Fahrkosten

Anspruch auf Fahrkosten

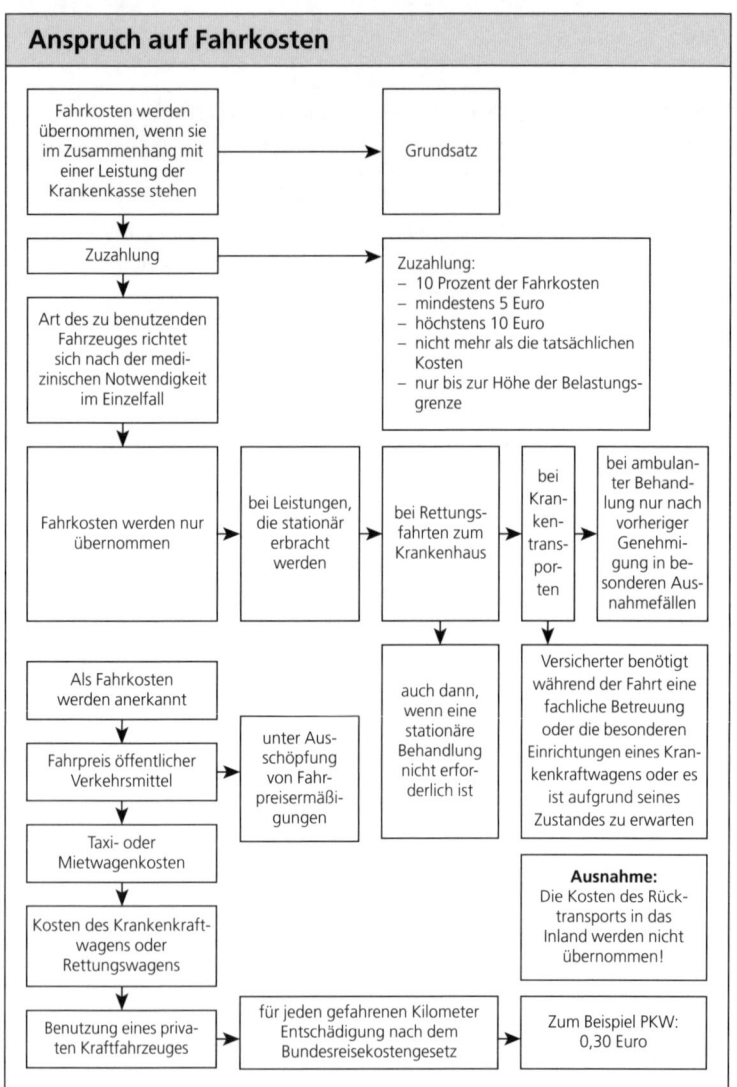

Leistungsarten

Einzelheiten über die Gewährung von Fahrkosten durch die gesetzlichen Krankenkassen wird vom Gemeinsamen Bundesausschuss in Richtlinien festgelegt. Hier werden auch die Ausnahmefälle aufgeführt, die Voraussetzung dafür sind, dass die Krankenkasse die Genehmigung zu einer ambulanten Krankenfahrt gibt:

- Der Patient wird mit einem durch die Grunderkrankung vorgegebenen Therapieschema behandelt, das eine hohe Behandlungsfrequenz über einen längeren Zeitraum aufweist.

- Die Behandlung oder der zu dieser Behandlung führende Krankheitsverlauf beeinträchtigt den Patienten in einer Weise, dass eine Beförderung zur Vermeidung von Schaden an Leib und Leben unerlässlich ist.

In einer Anlage zur Richtlinie des Gemeinsamen Bundesausschusses werden die Ausnahmefälle im Einzelnen aufgeführt. Diese Liste ist allerdings nicht abschließend.

Auch ihr ergibt sich, das ein Ausnahmefall vorliegt bei:

- Dialysebehandlung
- onkologischer Strahlentherapie
- onkologischer Chemotherapie

Außer in den geschilderten Fällen kann die Fahrt zur ambulanten Behandlung für Versicherte verordnet und genehmigt werden, die einen Schwerbehindertenausweis mit dem Merkzeichen „aG", „Bl" oder „H" oder einen Einstufungsbescheid der Pflegeversicherung in der Pflegestufe II oder III bei der Verordnung vorlegen.

Beachten Sie zum Schwerbehindertenausweis das im Walhalla Fachverlag erschienene Buch „Wie bekomme ich einen Schwerbehindertenausweis?", ISBN 978-3-8029-3347-9.

Bezüglich der Einstufung in die Pflegeversicherung wird auf die Ausführungen ab Seite 127 verwiesen.

Leistungsansprüche gegen Krankenkassen

Im Übrigen genehmigen die Krankenkassen auf ärztliche Verordnung Fahrten zur ambulanten Behandlung von Versicherten, die keinen Nachweis nach Vorstehendem besitzen, wenn diese von einer der genannten Kriterien vergleichbaren Beeinträchtigung der Mobilität betroffen sind und einer ambulanten Behandlung über einen längeren Zeitraum bedürfen.

Wichtig: Die zwingende medizinische Notwendigkeit einer Verordnung der Fahrt und des Beförderungsmittels ist vom Arzt zu begründen.

Fahrten zum Abstimmen von Terminen, Erfragen von Befunden, Abholen von Rezepten usw. sind keine Krankenkassenleistung.

Die Richtlinien sehen vor, dass genehmigungspflichtige Verordnungen der Krankenkasse frühzeitig vorzulegen sind. Dauer und Umfang (beispielsweise Transportmittel, Hin- und Rückfahrt) werden von der Krankenkasse festgelegt.

Familienversicherung

Auch im Bereich der Krankenversicherung der Rentner gibt es die kostenfreie Familienversicherung. Es werden hier für die anspruchsberechtigten Familienangehörigen die gleichen Leistungen gewährt wie für Mitglieder. Kranken- und Mutterschaftsgeld gibt es allerdings nicht.

> **Praxis-Tipp:**
>
> Beachten Sie, dass Sie Ihre anspruchsberechtigten Familienangehörigen bei der Krankenkasse anmelden müssen.

Familienversicherung

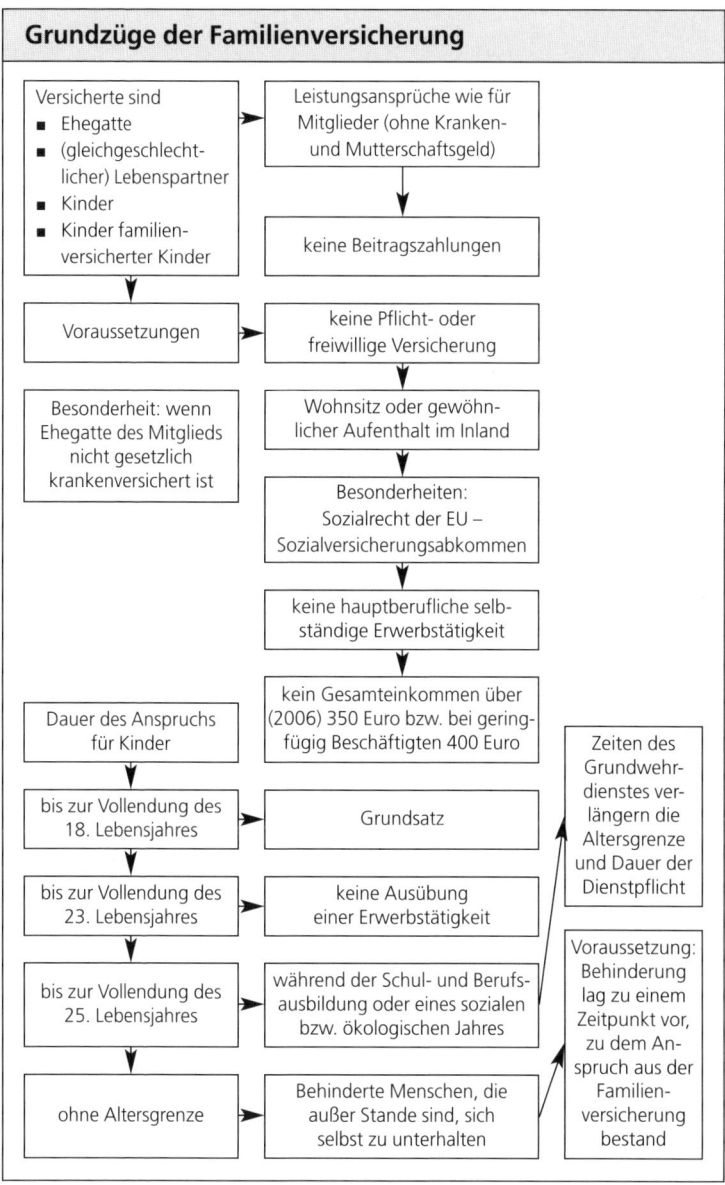

Leistungsansprüche gegen Krankenkassen

Hinweis:

Beachten Sie bitte zu den Leistungsansprüchen aus der gesetzlichen Krankenversicherung die im Walhalla-Fachverlag erschienenen Fachratgeber:

„Kranke Arbeitnehmer brauchen Geld", ISBN 978-3-8029-3684-5

„Kassenleistungen voll ausschöpfen", ISBN 978-3-8029-3758-3

„SGB V – Die gesetzliche Krankenversicherung",
ISBN 978-3-8029-7491-5

Belastungsgrenze

Bei den einzelnen Leistungen ist jeweils angegeben worden, welche Zuzahlungen durch die Versicherten zu leisten sind. Dabei wurde auch darauf hingewiesen, dass Zuzahlungen nur bis zur Belastungsgrenze zu erbringen sind. Die Belastungsgrenze hat insbesondere für Rentner eine besondere Bedeutung.

Zuzahlungsregelungen auf einen Blick		
Kassenleistung	Zuzahlungen	Ausnahmen
Ärztliche Behandlung	Praxisgebühr von 10 Euro, pro Quartal beim Arzt und Zahnarzt	– Überweisungen – Kontrollbesuche – Vorsorge- und Früherkennungsuntersuchungen – 18. Lebensjahr noch nicht vollendet
Arznei- und Verbandmittel	10 % des Preises, jedoch mindestens 5 Euro und maximal 10 Euro pro Arzneimittel. In jedem Fall sind nicht mehr als die Kosten des Mittels zu zahlen.	18. Lebensjahr noch nicht vollendet
Häusliche Krankenpflege	10 % der Kosten des Mittels zuzüglich 10 Euro je Verordnung	18. Lebensjahr noch nicht vollendet
Heilmittel	10 % der Kosten des Mittels zuzüglich 10 Euro je Verordnung	18. Lebensjahr noch nicht vollendet

Belastungsgrenze

noch: Zuzahlungsregelungen auf einen Blick

Hilfsmittel	10 % für jedes Hilfsmittel (z. B. Hörgerät), jedoch mindestens 5 Euro und maximal 10 Euro. In jedem Fall sind nicht mehr als die Kosten des Mittels zu zahlen.	– Hilfsmittel, die zum Verbrauch bestimmt sind (z. B. Windeln bei Inkontinenz): Zuzahlung von 10 % je Verbrauchseinheit, aber maximal 10 Euro pro Monat – 18. Lebensjahr noch nicht vollendet
Haushaltshilfe	10 % der kalendertäglichen Kosten, jedoch höchstens 10 Euro und mindestens 5 Euro	18. Lebensjahr noch nicht vollendet
Soziotherapie	10 % der kalendertäglichen Kosten, jdoch höchstens 10 Euro und mindestens 5 Euro	18. Lebensjahr noch nicht vollendet
Stationäre Vorsorge und Rehabilitation	10 Euro pro Tag	– bei Anschlussheilbehandlungen: Begrenzung auf 28 Tage im Kalenderjahr – 18. Lebensjahr noch nicht vollendet
Mütter- bzw. Väterkuren	10 Euro pro Tag	18. Lebensjahr noch nicht vollendet
Krankenhausbehandlung	10 Euro pro Tag	– begrenzt auf 28 Tage im Kalenderjahr – 18. Lebensjahr noch nicht vollendet
Fahrkosten bei ambulanten Fahrten werden nur noch in besonderen Ausnahmefällen übernommen, vorherige Genehmigung der Krankenkasse erforderlich	10 % des Fahrpreises, mindestens 5 Euro und höchstens 10 Euro; zu zahlen sind nicht mehr als die Kosten des Fahrpreises	keine (auch nicht für Kinder und Jugendliche)

Einzelheiten zur Belastungsgrenze werden in § 62 SGB V geregelt. Danach haben Versicherte während eines jeden Kalenderjahres nur Zuzahlungen bis zu dieser Grenze zu leisten.

Wichtig: Wird die Belastungsgrenze bereits innerhalb eines Kalenderjahres erreicht, hat die Krankenkasse eine Bescheinigung darüber zu erteilen, dass für den Rest des Kalenderjahres keine Zuzahlungen mehr zu erbringen sind.

Leistungsansprüche gegen Krankenkassen

Die Belastungsgrenze beträgt für Versicherte und ihre im gemeinsamen Haushalt lebenden Angehörigen 2 % der jährlichen Bruttoeinnahmen zum Lebensunterhalt.

Für chronisch kranke Versicherte, die wegen derselben schwerwiegenden Krankheit in Dauerbehandlung sind, beträgt die Belastungsgrenze 1 % der jährlichen Bruttoeinnahmen zum Lebensunterhalt. Nach Ansicht der Spitzenverbände der Krankenkasse gilt diese Absenkung der Belastungsgrenze für den gesamten Familienhaushalt, wenn mindestens eine Person wegen derselben schwerwiegenden Erkrankung in Dauerbehandlung ist.

Der Gemeinsame Bundesausschuss schreibt in seinen Richtlinien vor, dass die Feststellung, wonach Versicherte an einer schwerwiegenden chronischen Krankheit leiden, durch die Krankenkasse getroffen wird.

Nach den Richtlinien ist eine Krankheit dann schwerwiegend chronisch, wenn sie wenigstens ein Jahr lang mindestens einmal pro Quartal (Vierteljahr) ärztlich behandelt wurde (Dauerbehandlung).

Außerdem muss eines der folgenden Merkmale vorhanden sein:

- Es liegt eine Pflegebedürftigkeit der Pflegestufe II oder III nach dem Sozialgesetzbuch – Elftes Buch (SGB XI) vor (siehe ab Seite 127).

- Es liegt ein Grad der Behinderung (GdB) von mindestens 60 oder eine Minderung der Erwerbsfähigkeit (MdE) von mindestens 60 % vor, wobei der GdB beziehungsweise die MdE zumindest auch durch die obige Krankheit (Dauerbehandlung) begründet sein muss.

- Es ist eine kontinuierliche Behandlung erforderlich (ärztliche oder psychotherapeutische Behandlung, Arzneimitteltherapie, Versorgung mit Heil- und Hilfsmitteln), ohne die nach ärztlicher Einschätzung eine lebensbedrohliche Verschlimmerung, eine Verminderung der Lebenserwartung oder eine

Belastungsgrenze

dauerhafte Beeinträchtigung der Lebensqualität durch die aufgrund der die Dauerbehandlung notwendig machenden Krankheit verursachten Gesundheitsstörung zu erwarten ist.

Wichtig: Die Dauerbehandlung wird durch eine ärztliche Bescheinigung nachgewiesen. In dieser ist die dauerbehandelte Krankheit anzugeben.

Auch das Bestehen einer kontinuierlichen Behandlungserfordernis wird durch eine ärztliche Bescheinigung nachgewiesen. Hier ist auf Bundesebene ein Vordruck entwickelt worden, zu dem auch Erläuterungen vorhanden sind. Die Ärzte erhalten die entsprechenden Formulare von den Krankenkassen.

> **Praxis-Tipp:**
> Zum Beweis für das Vorliegen der GdB, der MdE und der Pflegestufe müssen Sie die entsprechenden bestandskräftigen amtlichen Bescheide vorlegen. Benutzen Sie dazu Kopien. Außerdem: In dem Bescheid zur GdB oder zur MdE muss die Krankheit, wegen der sich der Versicherte in Dauerbehandlung befindet, als Begründung aufgeführt sein.

Jeweils spätestens nach Ablauf eines Kalenderjahres ist die weitere Dauer der chronischen Behandlung nachzuweisen. Soweit erforderlich, ist sie vom Medizinischen Dienst der Krankenkassen (MDK) zu überprüfen.

Um die Belastungsgrenze anwenden zu können, ist es notwendig, dass der Rentner, sein berücksichtigungsfähiger Ehegatte beziehungsweise der (gleichgeschlechtliche) Lebenspartner und die Kinder die von ihnen geleisteten Zuzahlungen dokumentieren.

Leistungsansprüche gegen Krankenkassen

> **Praxis-Tipp:**
>
> Die Krankenkassen geben hier besondere Hefte heraus (so genannte Quittungshefte). In diesen sind die Zuzahlungen einzutragen und vom jeweiligen Leistungsträger (zum Beispiel Apotheke) zu bestätigen.

Nach Auffassung der Spitzenverbände der Krankenkassen wird die Verringerung auf die 1-%ige Belastungsgrenze mit Beginn des Kalenderjahres wirksam, in dem der Versicherte die einjährige Dauerbehandlung erreicht.

Beispiel:

Ein als Rentner Krankenversicherter hat im Kalenderjahr 2005 Belastungen mindestens in Höhe von 1 % der jährlichen Bruttoeinnahmen zum Lebensunterhalt getragen. Nach ärztlichem Nachweis ist er seit 11.08.2005 wegen derselben Krankheit in Dauerbehandlung. Er beantragt deshalb 2006 den Wegfall der Zuzahlungspflicht. Im Jahre 2006 sind bis zum Zeitpunkt seines Antrags 400 Euro Zuzahlungen für ihn und für seine Familienangehörigen 200 Euro Zuzahlungen nachgewiesen. Die Belastungsgrenze der gesamten Familie von 2 % der jährlichen Bruttoeinnahmen zum Lebensunterhalt beträgt im Jahre 2006 500 Euro.

Mit Ablauf des 10.08.2006 befindet sich der Versicherte ein Jahr lang in Dauerbehandlung wegen derselben Krankheit. Seine Zuzahlungspflicht entfällt rückwirkend ab 01.01.2006. Die für das Jahr 2006 von ihm bereits geleisteten Zuzahlungen in Höhe von 400 Euro sind zu erstatten. Für die übrigen Familienangehörigen kann eine Erstattung erst dann vorgenommen werden, wenn und soweit die von ihnen nachgewiesenen Zuzahlungen im Jahre 2006 2 % der jährlichen Bruttoeinnahmen zum Lebensunterhalt der Familie (500 Euro) überschreiten.

Belastungsgrenze

Um die Belastungsgrenze zu ermitteln, sind alle gesetzlichen Zuzahlungen zu berücksichtigen.

Wichtig: Dagegen werden Kosten nicht berücksichtigt, die dadurch entstehen, dass beispielsweise:

- Arzneimittel oder Hilfsmittel abgegeben werden, die höhere als die vom Festbetrag abgedeckten Kosten verursachen
- aufwändigere Leistungen als eigentlich notwendig in Anspruch genommen werden
- Aufwendungen für Mittel entstehen, deren Verordnung zu Lasten der Krankenversicherung ausgeschlossen ist
- Leistungen ohne ärztliche Verordnung bezogen werden
- Abschläge im Rahmen der Kostenerstattung, etwa für Verwaltungskosten und fehlende Wirtschaftlichkeitsprüfungen, (siehe Seite 65) vorgenommen werden

Wird die Belastungsgrenze vor Ablauf des Kalenderjahres erreicht, so hat die Krankenkasse für den Rest des Jahres eine Befreiung auszusprechen. Eine Befreiung aufgrund einer Vorauszahlung des Versicherten in Höhe der voraussichtlichen Belastungsgrenze ohne den Nachweis tatsächlich entstandener Zuzahlungen ist im Einzelfall möglich. Das gilt insbesondere dann, wenn innerhalb kurzer Zeit die Belastungsgrenze erreicht würde.

Bei der Ermittlung der Belastungsgrenze werden die Zuzahlungen und die Bruttoeinnahmen zum Lebensunterhalt der mit dem Versicherten im gemeinsamen Haushalt lebenden Angehörigen des Versicherten und des (gleichgeschlechtlichen) Lebenspartners jeweils zusammengerechnet. Kinder in diesem Sinne sind solche, denen Anspruch aus der Familienversicherung zusteht (siehe Seite 108).

Vor der Ermittlung der Belastungsgrenze wird von den jährlichen Bruttoeinnahmen zum Lebensunterhalt abgezogen:

- für den ersten im gemeinsamen Haushalt lebenden Angehörigen ein Betrag in Höhe von 15 % der jährlichen Bezugsgröße (2006: 4 410 Euro)

- für jeden weiteren im gemeinsamen Haushalt lebenden Angehörigen ein Betrag in Höhe von 10 % der jährlichen Bezugsgröße (2006: 2 940 Euro)

- für jedes familienversicherte Kind ein Betrag von 1 824 Euro, der zudem verdoppelt werden muss, so dass zurzeit 3 648 Euro maßgebend sind (die Beträge stammen aus dem Steuerrecht)

Krankenversichertenkarte – Elektronische Gesundheitskarte

Die Krankenversichertenkarte ist eigentlich der Anspruchsnachweis des gesetzlich Krankenversicherten gegenüber dem behandelnden Arzt. Die Karte ist aber längst zur Versichertenkarte überhaupt geworden und wird von allen Leistungserbringern, beispielsweise auch im Krankenhaus, als Nachweis für das Vorliegen einer gesetzlichen Krankenversicherung angesehen.

Viele Krankenkassen stellten bereits bisher die Krankenversichertenkarte mit einem Lichtbild des Versicherten aus. § 291a SGB V sieht eine Elektronische Gesundheitskarte mit Lichtbild vor, die eigentlich bereits ab 01.01.2006 vorliegen sollte. Allerdings haben sich die Vorbereitungsarbeiten verzögert, so dass voraussichtlich erst 2007 mit ihrem Einsatz zu rechnen ist.

Die Elektronische Gesundheitskarte muss auch die Berechtigungsnachweise zur Inanspruchnahme von Leistungen innerhalb des Europäischen Wirtschaftsraums aufnehmen. Darüber hinaus muss die Gesundheitskarte geeignet sein, folgende Anwendungen zu unterstützen, nämlich insbesondere das Erheben, Verarbeiten und Nutzen von:

Krankenversichertenkarte – Elektronische Gesundheitskarte

- medizinischen Daten, soweit sie für die Notfallversorgung erforderlich sind
- Befunden, Diagnosen, Therapieempfehlungen sowie Behandlungsberichten in elektronischer und maschinell verwertbarer Form für eine einrichtungsübergreifende, fallbezogene Kooperation (elektronischer Arztbrief)
- Daten einer Arzneimitteldokumentation
- Daten über Befunde, Diagnosen, Therapiemaßnahmen, Behandlungsberichte sowie Impfungen für eine Fall- und einrichtungsübergreifende Dokumentation über den Patienten (elektronische Patientenakte)
- durch von Versicherten selbst oder für sie zur Verfügung gestellten Daten
- Daten über in Anspruch genommene Leistungen und deren vorläufige Kosten für die Versicherten

In diesem Zusammenhang ist zu beachten, dass bereits 2004 die europäische Krankenversicherungskarte (European Health Insurance Card – EHIC) eingeführt wurde. Teilweise werden in Deutschland hier Ersatz-Versicherungskarten verwendet. Mit Einführung der elektronischen Gesundheitskarte wird die Europäische Versicherungskarte – wie bereits erwähnt – in sie integriert werden.

Pflegeversicherung

4

„Pflegeversicherung der Rentner" ... 120

Versicherungspflicht und -freiheit,
Befreiung von der Versicherungspflicht,
freiwillige Versicherung 122

Zuständige Pflegekasse 125

Beitragspflicht 126

Leistungsansprüche 127

Familienversicherung 136

„Pflegeversicherung der Rentner"

Rechtsgrundlage für die soziale Pflegeversicherung ist das SGB XI. Hier wird zunächst (in § 1) bestimmt, dass zur sozialen Absicherung des Risikos der Pflegeversicherung als eigenständiger Zweig der Sozialversicherung eine soziale Pflegeversicherung geschaffen wird.

Als wichtiger Grundsatz ist vorgesehen, dass in den Schutz der sozialen Pflegeversicherung kraft Gesetzes alle einbezogen sind, die in der gesetzlichen Krankenversicherung versichert sind. Darüber hinaus sind aber weitere Personengruppen in den Schutz der Pflegeversicherung eingegliedert worden (siehe Seite 122).

Außerdem muss derjenige, der gegen Krankheit bei einem privaten Krankenversicherungsunternehmen versichert ist, eine private Pflegeversicherung abschließen (siehe Seite 123).

Nach § 2 SGB XI sollen die Leistungen der Pflegeversicherung den Pflegebedürftigen helfen, trotz ihres Hilfebedarfs ein möglichst selbständiges und selbstbestimmtes Leben zu führen, das der Würde des Menschen entspricht. Die Hilfen sind darauf auszurichten, die körperlichen, geistigen und seelischen Kräfte der Pflegebedürftigen wiederzugewinnen oder zu erhalten.

Auf die religiösen Bedürfnisse der Pflegebedürftigen ist Rücksicht zu nehmen. Auf ihren Wunsch hin sollen sie stationäre Leistungen in einer Einrichtung erhalten, in der sie durch Geistliche ihres Bekenntnisses betreut werden.

§ 3 SGB XI sieht den Vorrang der häuslichen Pflege vor. Die Pflegeversicherung soll nämlich mit ihren Leistungen vorrangig die häusliche Pflege und die Pflegebereitschaft der Angehörigen und Nachbarn unterstützen, damit die Pflegebedürftigen möglichst lange in ihrer häuslichen Umgebung bleiben können.

Die Pflegekassen haben bei den zuständigen Leistungsträgern darauf hinzuwirken, dass frühzeitig alle geeigneten Leistungen der Prävention, der Krankenbehandlung und zur medizinischen Rehabi-

Pflegeversicherung der Rentner

litation eingeleitet werden, um den Eintritt von Pflegebedürftigkeit zu vermeiden. Bezüglich der entsprechenden Leistungen der in diesem Buch behandelten Sozialversicherungszweige wird auf die Ausführungen ab den Seiten 61, 147, 157 und 166 verwiesen.

Organisation von Pflege und Pflegeleistung

Um sich als Pflegender oder Pflegebedürftiger mit den gesetzlichen Regelungen der Pflegeversicherung zurechtzufinden oder um Ansprüche durchzusetzen, ist es wichtig, die allgemeine Organisation der Pflege zu kennen:

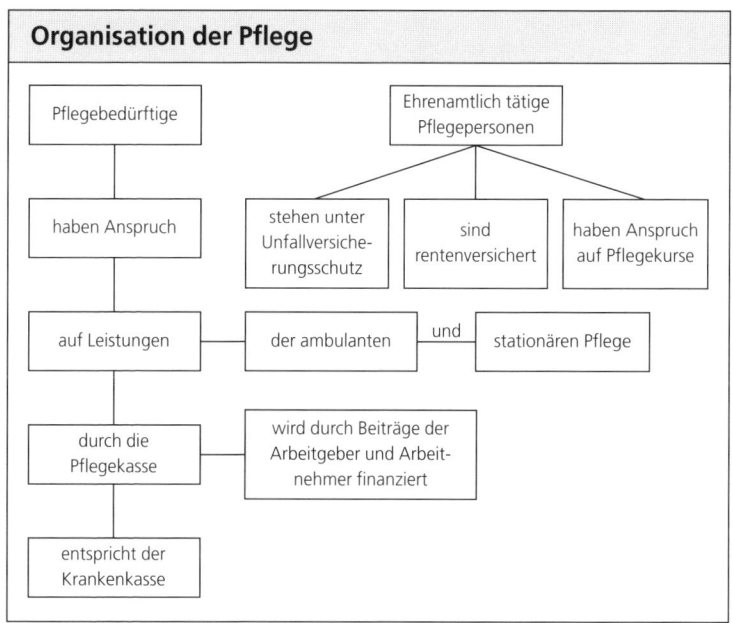

§ 7 SGB XI verpflichtet die Pflegekassen, die Eigenverantwortung der Versicherten durch Aufklärung und Beratung zu unterstützen.

Pflegeversicherung

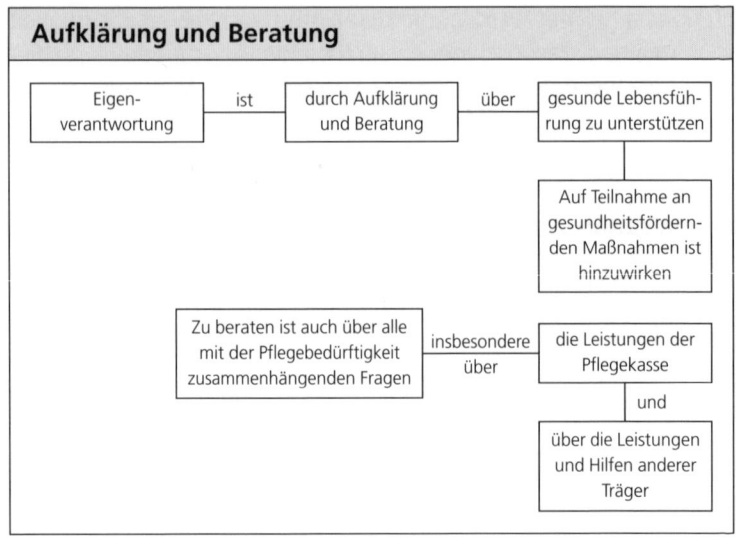

Versicherungspflicht und -freiheit, Befreiung von der Versicherungspflicht, freiwillige Versicherung

Auf Seite 120 wurde bereits erwähnt, dass der versicherte Personenkreis der sozialen Pflegeversicherung dem der gesetzlichen Krankenversicherung entspricht.

Dies ergibt sich aus § 20 Abs. 1 SGB XI, welcher besagt, dass versicherungspflichtig in der sozialen Pflegeversicherung die versicherungspflichtigen Mitglieder der gesetzlichen Krankenversicherung sind. Klar ist, dass Rentenantragsteller und Rentner hier ebenfalls erfasst werden.

Wichtig: Freiwillige Mitglieder der gesetzlichen Krankenversicherung sind versicherungspflichtig in der sozialen Pflegeversicherung.

Bedeutsam ist auch § 20 Abs. 4 SGB XI, der sich damit beschäftigt, Missbrauch zu vermeiden. Nehmen danach Personen, die mindes-

Versicherungspflicht und -freiheit

tens zehn Jahre nicht in der sozialen Pflegeversicherung oder der gesetzlichen Krankenversicherung versicherungspflichtig waren, eine dem äußeren Anschein nach versicherungspflichtige Beschäftigung oder selbständige Tätigkeit von untergeordneter wirtschaftlicher Bedeutung auf, besteht die widerlegbare Vermutung, dass eine versicherungspflichtige Beschäftigung beziehungsweise Tätigkeit nicht ausgeübt wird. Dies gilt insbesondere für eine Beschäftigung bei Familienangehörigen oder Lebenspartnern.

§ 21 SGB XI sieht die Versicherungspflicht weiterer Personen vor, die nicht in der gesetzlichen Krankenversicherung versichert sind. Angesprochen sind hier beispielsweise Personen, die Leistungen nach dem Bundesversorgungsgesetz (BVG) erhalten oder Kriegsschadenrente beziehungsweise vergleichbare Leistungen nach dem Lastenausgleichsgesetz beziehen.

In § 24 SGB XI ist die Versicherungspflicht von Abgeordneten vorgesehen. § 23 SGB XI sieht dagegen die Versicherungspflicht für Versicherte der privaten Krankenversicherungsunternehmen vor.

Wer bei einem privaten Krankenversicherungsunternehmen versichert ist, ist hiernach verpflichtet, bei diesem Unternehmen zur Absicherung des Pflegerisikos einen Versicherungsvertrag abzuschließen. Unter bestimmten Voraussetzungen kann der Vertrag auch bei einem anderen privaten Versicherungsunternehmen abgeschlossen werden.

Auch Personen, die nach beamtenrechtlichen Vorschriften oder Grundsätzen bei Pflegebedürftigkeit einen Beihilfeanspruch haben, sind zum Abschluss einer entsprechenden anteiligen beihilfekonformen Versicherung verpflichtet. Das gilt allerdings nur, soweit sie nicht als freiwillig krankenversicherte Personen der Versicherungspflicht in der Pflegeversicherung unterliegen. Dies gilt auch für Heilfürsorgeberechtigte sowie beispielsweise für Mitglieder der Postbeamtenkrankenkasse und Mitglieder der Krankenversorgung der Bundesbahnbeamten.

Allerdings gelten die Vorschriften des § 23 SGB XI über den Abschluss privater Pflegeversicherungsverträge nicht für Personen,

Pflegeversicherung

die sich auf nicht absehbare Dauer in stationärer Pflege befinden und bereits Pflegeleistungen nach anderen Gesetzen beziehen.

Wichtig: Das private Krankenversicherungsunternehmen, das die private Pflegeversicherung durchführt, ist verpflichtet:

- für die Feststellung der Pflegebedürftigkeit sowie für die Zustimmung zu einer Pflegestufe dieselben Maßstäbe wie in der sozialen Pflegeversicherung anzulegen
- die in der sozialen Pflegeversicherung zurückgelegte Versicherungszeit des Mitglieds und seiner familienversicherten Angehörigen oder Lebenspartner auf die Wartezeit anzurechnen (Versicherung von mindestens fünf Jahren in den letzten zehn Jahren vor Eintritt der Pflegebedürftigkeit)

Wer als freiwillig Krankenversicherter der Versicherungspflicht in der Pflegeversicherung unterliegt, kann nach § 22 SGB XI von dieser Versicherungspflicht befreit werden. Voraussetzung ist der Nachweis, dass er bei einem privaten Versicherungsunternehmen gegen Pflegebedürftigkeit versichert ist und für sich und seine Angehörigen oder Lebenspartner, die bei Versicherungspflicht familienversichert wären, Leistungen beanspruchen kann, die nach Art und Umfang den Leistungen der sozialen Pflegeversicherung entsprechen.

Der Antrag kann allerdings nur innerhalb von drei Monaten nach Beginn der Versicherungspflicht bei der Pflegekasse gestellt werden.

Die Möglichkeit der Weiterversicherung in der sozialen Pflegeversicherung enthält § 26 SGB XI. Wer als Versicherungspflichtiger nach den §§ 20, 21 SGB XI ausscheidet, kann sich auf Antrag in der sozialen Pflegeversicherung weiterversichern. Voraussetzung ist, dass der Betreffende in den letzten fünf Jahren vor dem Ausscheiden mindestens 24 Monate oder unmittelbar vor dem Ausscheiden mindestens zwölf Monate versichert war. Die Möglichkeit der Weiterversicherung besteht auch für Personen, die aus der Familienversicherung ausscheiden.

Auf Antrag weiterversichern können sich auch Personen, die wegen der Verlegung ihres Wohnsitzes oder gewöhnlichen Aufenthalts ins

Ausland aus der Versicherungspflicht ausscheiden. In diesen Fällen ist der Antrag bis spätestens einen Monat nach dem Ausscheiden bei der Pflegekasse zu stellen, bei der die Versicherung bestanden hat (siehe nachfolgende Ausführungen).

Personengruppen, die sonst keine Möglichkeit haben, der Versicherung oder Familienversicherung in der sozialen oder privaten Pflegeversicherung anzugehören, haben nach näherer Vorschrift des § 26a SGB XI ein Beitrittsrecht.

Die Möglichkeit, eine private Pflegeversicherung wegen Eintritts der Versicherungspflicht in der sozialen Versicherung zu kündigen, sieht § 27 SGB XI vor.

Zuständige Pflegekasse

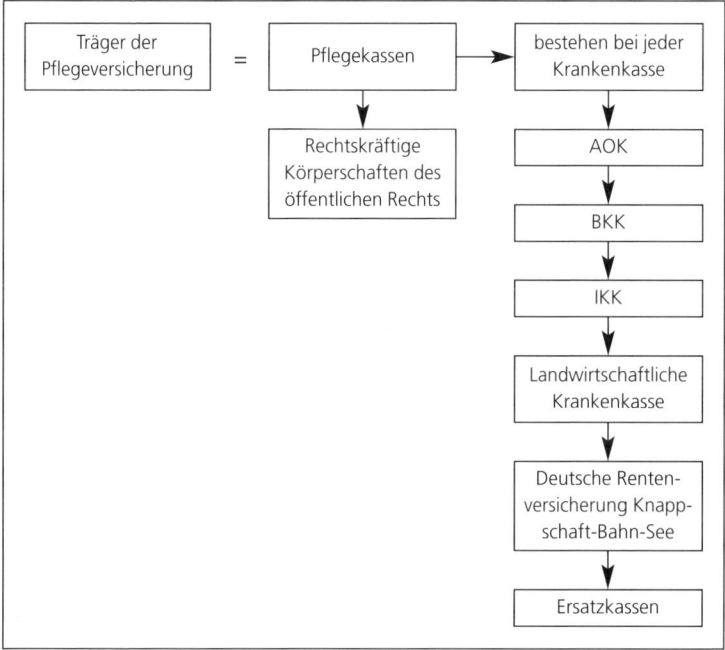

Pflegeversicherung

Für die Durchführung der Pflegeversicherung ist jeweils die Pflegekasse zuständig, die bei der Krankenkasse errichtet ist, bei der eine Pflichtmitgliedschaft oder freiwillige Mitgliedschaft besteht. Für Familienversicherte (siehe Seite 136) ist die Pflegekasse des Mitglieds zuständig.

Die Mitgliedschaft bei einer Pflegekasse beginnt mit dem Tag, an dem die versicherungsrechtlichen Voraussetzungen vorliegen. Sie endet mit dem Tod des Mitglieds oder nach Ablauf des Tages, an dem die Voraussetzungen für die Pflegeversicherung entfallen, sofern nicht das Recht zur Weiterversicherung (siehe Seite 124) ausgeübt wird.

Im Übrigen gelten für die Mitgliedschaft die Regelungen in der gesetzlichen Krankenversicherung entsprechend. Die Mitgliedschaft freiwillig Versicherter endet:

- mit dem Tod des Mitglieds
- mit Ablauf des übernächsten Kalendermonats, gerechnet von dem Monat, in dem das Mitglied den Austritt erklärt, wenn die Satzung der Pflegekasse nicht einen früheren Zeitpunkt bestimmt
- mit Ablauf des nächsten Zahltags, wenn für zwei Monate die fälligen Beiträge trotz Hinweises auf die Folgen nicht entrichtet wurden

Beitragspflicht

§ 54 Abs. 1 SGB XI enthält den Grundsatz, dass die Mittel für die Pflegeversicherung durch die Beiträge sowie sonstige Einnahmen gedeckt werden.

Der Beitragssatz ist bundeseinheitlich festgelegt. Er beläuft sich auf 1,7 % der beitragspflichtigen Einnahmen.

Die beitragspflichtigen Einnahmen werden in gleicher Weise berechnet wie in der gesetzlichen Krankenversicherung (siehe Seite 40).

Insbesondere gilt dies auch für als Rentner versicherte Personen. Das bedeutet, dass Rentner Beiträge in voller Höhe zu zahlen haben, selbst wenn sie pflegebedürftig sind.

Rentner haben die Beträge alleine zu tragen. Eine Beteiligung des Rentenversicherungsträgers ist nicht vorgeschrieben. Auch gibt es keine Zuschüsse zum Versicherungsbeitrag.

Leistungsansprüche

Die Leistungen der Pflegeversicherung sind nach Sach- und Geldleistungen zu unterscheiden. Die meisten Leistungsarten sind ihrer Höhe nach davon abhängig, welcher Pflegestufe der Versicherte zugeordnet ist:

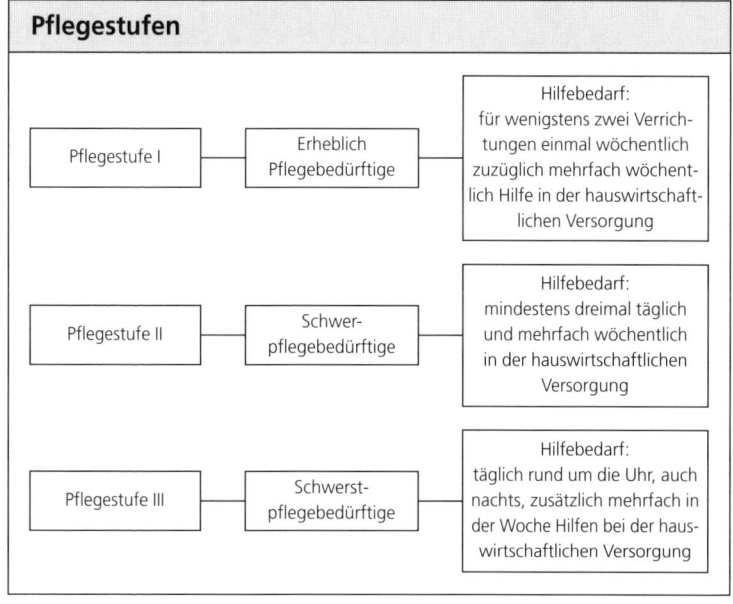

Pflegeversicherung

Als Voraussetzung für die Zuordnung zu einer bestimmten Pflegestufe wird jeweils ein bestimmter Hilfebedarf gefordert.

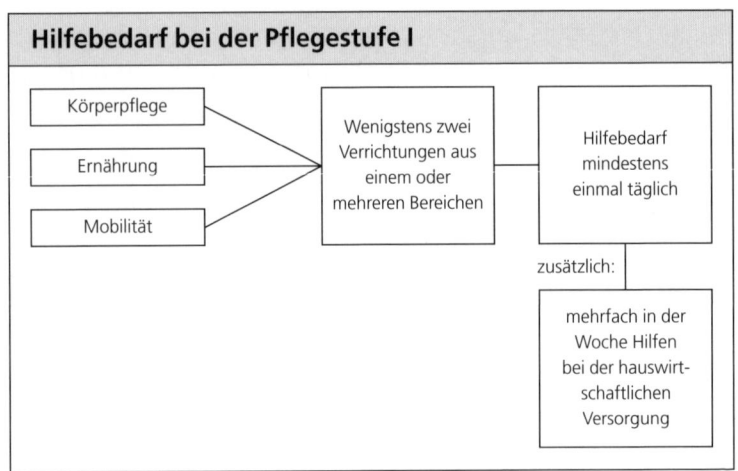

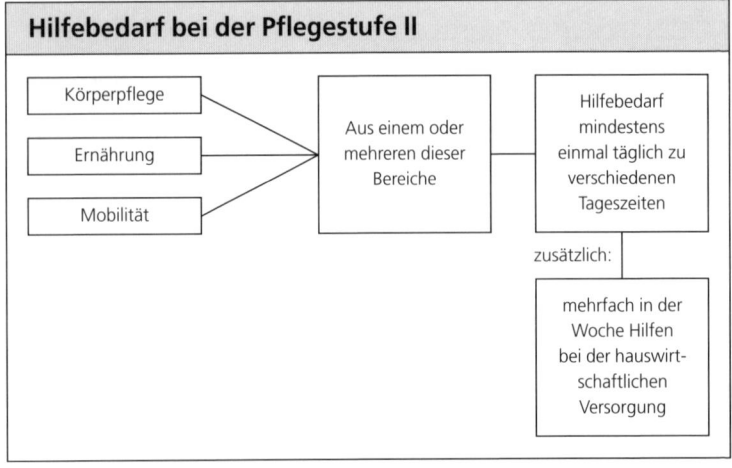

Leistungsansprüche

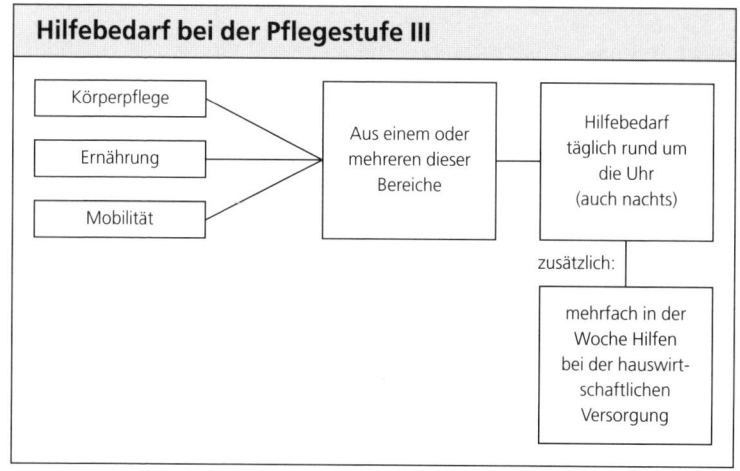

Nach § 36 SGB XI haben Pflegebedürftige bei häuslicher Pflege Anspruch auf

- Grundpflege
- hauswirtschaftliche Versorgung

Wichtig: Leistungen der häuslichen Pflege können auch gewährt werden, wenn Pflegebedürftige nicht in ihrem eigenen Haushalt gepflegt werden.

Aber: Sie sind nicht zulässig, wenn Pflegebedürftige in einer stationären Pflegeeinrichtung gepflegt werden (siehe Seite 133).

Das Pflegegeld beträgt je Kalendermonat:

- für Pflegebedürftige der Pflegestufe I 205 Euro
- für Pflegebedürftige der Pflegestufe II 410 Euro
- für Pflegebedürftige der Pflegestufe III 665 Euro

Besteht der Anspruch nicht für den vollen Kalendermonat, ist der Geldbetrag entsprechend zu kürzen. Dabei ist der Kalendermonat mit 30 Tagen anzusetzen. Das Pflegegeld wird bis zum Ende des Kalendermonats geleistet, in dem der Pflegebedürftige gestorben ist.

Pflegeversicherung

Pflegebedürftige, die Pflegegeld beziehen, haben bei Pflegestufe I und II einmal halbjährlich, bei Pflegestufe III einmal vierteljährlich eine Beratung in der eigenen Häuslichkeit durch eine zugelassene Pflegeeinrichtung durchführen zu lassen. Kann dies nicht durch eine zugelassene Pflegeeinrichtung vor Ort gewährleistet werden, ist die Beratung durch eine von der Pflegekasse beauftragte, jedoch von ihr nicht angestellte Pflegefachkraft abzurufen.

Die Beratung dient der Sicherung der Qualität der häuslichen Pflege und der regelmäßigen Hilfestellung sowie der praktischen pflegefachlichen Unterstützung der häuslich Pflegenden. Die Vergütung für die Beratung ist von der zuständigen Pflegekasse, bei privat Pflegeversicherten von dem zuständigen privaten Krankenversicherungsunternehmen zu tragen. Im Fall der Beihilfeberechtigung sind die Beihilfefestsetzungsstellen anteilig für die Zahlung zuständig. Pflegebedürftige, bei denen ein erheblicher Bedarf an allgemeiner Beaufsichtigung und Betreuung festgestellt ist, sind berechtigt, den Beratungseinsatz innerhalb der obigen Zeiträume zweimal in Anspruch zu nehmen.

Häusliche Pflege bei Verhinderung der Pflegeperson

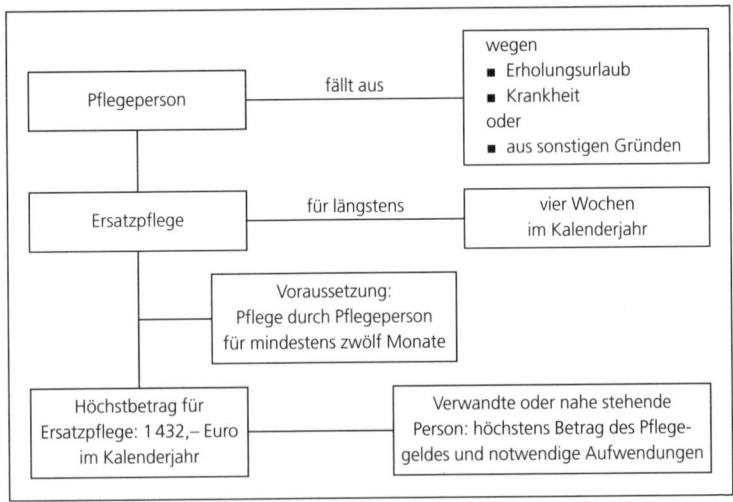

Leistungsansprüche

Nimmt der Pflegebedürftige die ihm zustehende Sachleistung lediglich teilweise in Anspruch, erhält er daneben ein anteiliges Pflegegeld. Das Pflegegeld wird um den Prozentsatz vermindert, in dem der Pflegebedüftige Sachleistungen in Anspruch genommen hat.

Wichtig: An die Entscheidung, in welchem Verhältnis er Geld- und Sachleistungen in Anspruch nehmen will, ist der Pflegebedürftige für die Dauer von sechs Monaten gebunden.

Häusliche Pflegehilfe wird durch geeignete Pflegekräfte erbracht, die entweder bei der Pflegekasse oder bei ambulanten Pflegeeinrichtungen, mit denen die Pflegekasse einen Versorgungsvertrag abgeschlossen hat, angestellt sind.

Die Pflegekasse kann auch mit Einzelpersonen einen Pflegevertrag schließen, die dann die häusliche Pflegehilfe als Sachleistung erbringen.

Der Anspruch auf häusliche Pflegehilfe umfasst je Kalendermonat:

- für Pflegebedürftige der Pflegestufe I Pflegeeinsätze bis zu einem Gesamtwert von 384 Euro
- für Pflegebedürftige der Pflegestufe II Pflegeeinsätze bis zu einem Gesamtwert von 921 Euro
- für Pflegebedürftige der Pflegestufe III Pflegeeinsätze bis zu einem Gesamtwert von 1 432 Euro

In besonders gelagerten Einzelfällen können die Pflegekassen zur Vermeidung von Härten Pflegebedürftigen der Pflegestufe III weitere Pflegeeinsätze bis zu einem Gesamtwert von 1 918 Euro monatlich gewähren. Voraussetzung ist, dass ein außergewöhnlich hoher Pflegeaufwand vorliegt, der das übliche Maß der Pflegestufe III weit übersteigt. Dies liegt beispielsweise dann vor, wenn im Endstadium von Krebserkrankungen regelmäßig mehrfach auch in der Nacht Hilfe geleistet werden muss.

Anstelle der häuslichen Pflegehilfe können Pflegebedürftige ein Pflegegeld beantragen.

Pflegeversicherung

Der Anspruch setzt allerdings voraus, dass der Pflegebedürftige mit dem Pflegegeld, dessen Umfang entsprechend, die erforderliche Grundpflege und hauswirtschaftliche Versorgung in geeigneter Weise selbst sicherstellt.

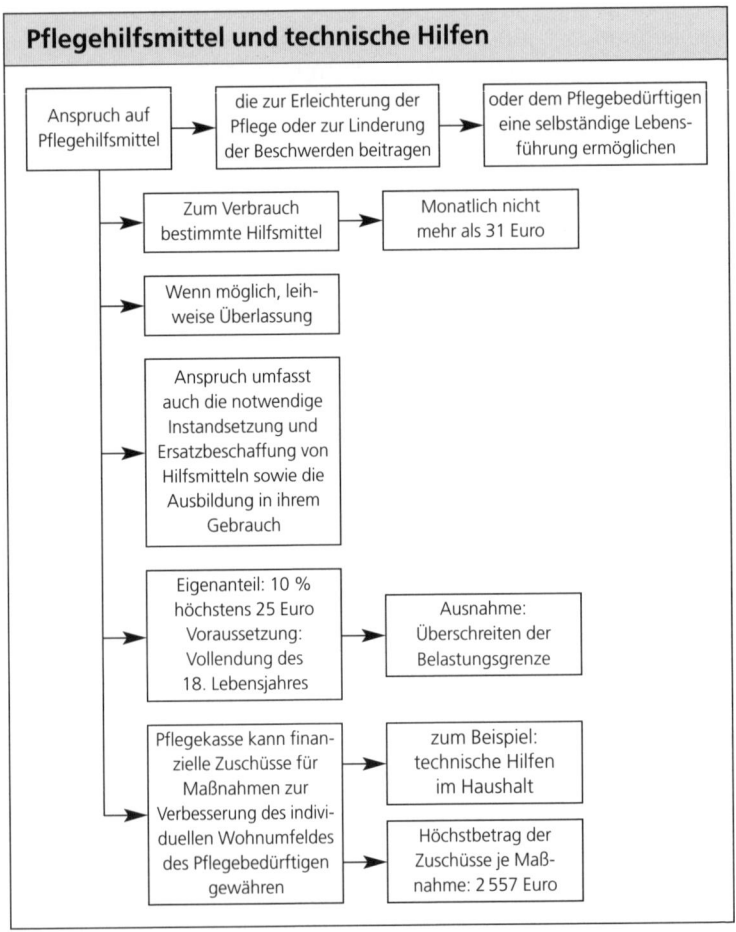

Leistungsansprüche

Leistungsarten der stationären Pflege

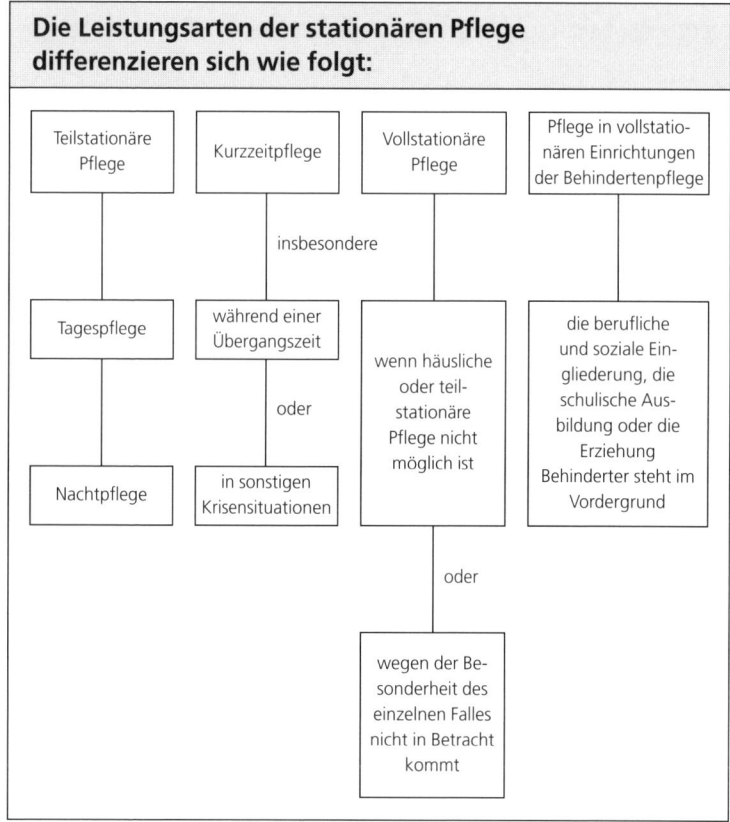

Teilstationäre Pflege

Die teilstationäre Pflege umfasst auch die notwendige Beförderung des Pflegebedürftigen von der Wohnung zur Einrichtung der Tages- oder der Nachtpflege und zurück.

Bis zum 30.06.2007 sieht das Gesetz (§ 41 Abs. 2 SGB XI) eine pauschale Abgeltung der Leistungen der teilstationären Pflege vor. Die

Pflegeversicherung

Kosten der teilstationären Pflege, die Aufwendungen der sozialen Betreuung sowie die Aufwendungen für die in der Einrichtung notwendigen Leistungen der medizinischen Behandlungspflege werden je Kalendermonat wie folgt übernommen:

- für Pflegebedürftige der Pflegestufe I im Wert bis zu 384 Euro
- für Pflegebedürftige der Pflegestufe II im Wert bis zu 921 Euro
- für Pflegebedürftige der Pflegestufe III im Wert bis zu 1 432 Euro

Hier sind auch Kombinationen mit der Pflegesachleistung möglich.

Kann die häusliche Pflege zeitweise nicht, noch nicht oder nicht im erforderlichen Umfang erbracht werden und reicht auch teilstationäre Pflege nicht aus, besteht Anspruch auf Pflege in einer vollstationären Einrichtung. Dies gilt:

- für eine Übergangszeit im Anschluss an eine stationäre Behandlung der Pflegebedürftigkeit
- in sonstigen Krisensituationen, in denen vorübergehend häusliche oder teilstationäre Pflege nicht möglich oder nicht ausreichend sind

§ 42 SGB XI spricht hier von Kurzzeitpflege (siehe Seite 133).

Der Anspruch auf Kurzzeitpflege ist auf vier Wochen pro Kalenderjahr beschränkt. Die Pflegekasse übernimmt die pflegebedürftigen Aufwendungen, die Aufwendungen der sozialen Betreuung sowie bis zum 30.06.2007 die Aufwendungen für Leistungen der medizinischen Behandlungspflege bis zu dem Gesamtbetrag von 1 432 Euro im Kalenderjahr.

Leistungsansprüche

Vollstationäre Pflege

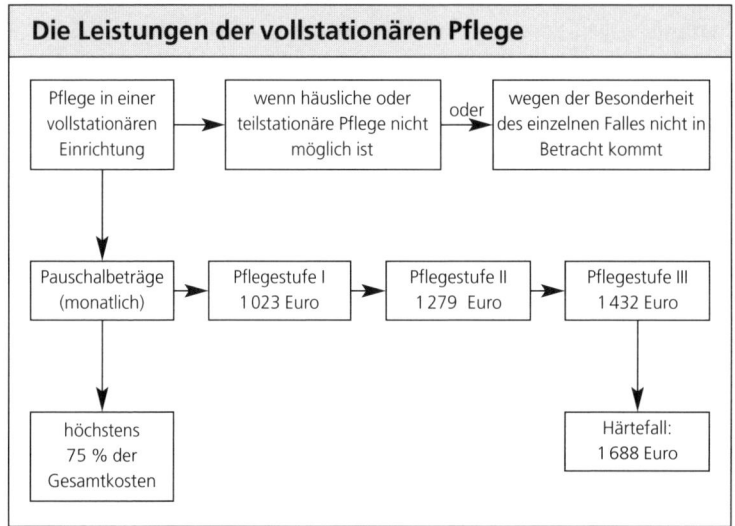

Den Begriff des Härtefalles regelt § 43 Abs. 3 SGB XI. Danach können die Pflegekassen bei Pflegebedürftigen der Pflegestufe III zur Vermeidung von Härten die pflegebedingten Aufwendungen, die Aufwendungen der sozialen Betreuung sowie die Aufwendungen für Leistungen der medizinischen Behandlungspflege bis zu dem Gesamtbetrag von 1 688 Euro monatlich übernehmen. Voraussetzung ist, dass ein außergewöhnlich hoher und intensiver Pflegeaufwand erforderlich ist. Dieser Pflegeaufwand muss das übliche Maß der Pflegestufe III weit übersteigen. Als Beispiele führt das Gesetz Apalliker, schwere Demenz oder das Endstadium von Krebserkrankungen auf.

Wählen Pflegebedürftige vollstationäre Pflege, obwohl diese nach Feststellungen der Pflegekasse nicht erforderlich ist, erhalten sie zu den pflegebedingten Aufwendungen einen Zuschuss. Dieser Zuschuss wird in Höhe des für die Pflegesachleistung der jeweiligen Pflegestufe zugeordneten Betrages gewährt.

Pflegeversicherung

§ 43a SGB XI regelt die Pflege in vollstationären Einrichtungen der Hilfe für behinderte Menschen.

In dieser vollstationären Einrichtung muss die Teilhabe am Arbeitsleben und am Leben in der Gemeinschaft, die schulische Ausbildung oder die Erziehung behinderter Menschen im Vordergrund stehen. Hier werden 10 % des im Rahmen der Sozialhilfe vereinbarten Heimentgelts übernommen.

Die Aufwendungen der Pflegekasse dürfen im Einzelfall je Kalendermonat 256 Euro nicht überschreiten. Wird für die Tage, an denen die pflegebedürftigen Behinderten zu Hause gepflegt und betreut werden, anteiliges Pflegegeld beansprucht, gelten die Tage der An- und Abreise als volle Tage der häuslichen Pflege.

Familienversicherung

§ 25 SGB XI regelt die Familienversicherung der Pflegeversicherung. Danach sind versichert:

- der Ehegatte
- der (gleichgeschlechtliche) Lebenspartner
- die Kinder von Mitgliedern
- die Kinder von familienversicherten Kindern

Die Voraussetzungen entsprechen denen in der gesetzlichen Krankenversicherung (siehe Seite 108).

Auch die Dauer des Anspruchs für Kinder entspricht dem in der gesetzlichen Krankenversicherung. Wie dort ist die Familienversicherung kostenfrei.

Unfallversicherung

5

Versicherter Personenkreis 138

Zuständiger
Unfallversicherungsträger 143

Versicherungsfälle 144

Leistungsansprüche 147

Unfallversicherung

Versicherter Personenkreis

Rechtsgrundlage für die gesetzliche Unfallversicherung ist das Sozialgesetzbuch – Siebtes Buch (SGB VII). Rentenantragsteller und Rentner sind hier selbstverständlich nicht als Versicherte aufgeführt. Allerdings enthält § 2 SGB VII eine umfangreiche Aufzählung versicherter Personen, zu denen durchaus Rentner beziehungsweise Rentenantragsteller zählen können.

Die größte Personengruppe ist zweifellos die der Beschäftigten. Hier werden Rentner dann erfasst, wenn sie neben ihrer Rente eine Beschäftigung ausüben. Bezüglich der Frage, wieweit das rentenunschädlich möglich ist, beachten Sie bitte die Ausführungen ab Seite 159.

Um in den Schutz der gesetzlichen Unfallversicherung zu gelangen, ist es nicht erforderlich, dass die Beschäftigung versicherungspflichtig in der Kranken-, Pflege-, Renten- und Arbeitslosenversicherung ist. Es reicht auch beispielsweise aus, dass ein Rentner einen versicherungsfreien so genannten 400-Euro-Job ausübt.

Auch die in letzter Zeit oft in der Öffentlichkeit erwähnten 1-Euro-Jobs werden hier erfasst. Der gesetzlichen Unfallversicherung unterliegen nicht nur sämtliche Arbeitnehmer, sondern auch Personen, die wie Arbeitnehmer tätig werden (siehe Seite 142).

Unfallversichert sind auch behinderte Menschen, die in anerkannten Werkstätten für behinderte Menschen oder in nach dem Blindenwarenvertriebsgesetz anerkannten Blindenwerkstätten oder für diese Einrichtungen in Heimarbeit tätig sind.

Gerade bei Rentnern sind ehrenamtliche Tätigkeiten weit verbreitet. Dem Unfallversicherungsschutz sind hier insbesondere Personen unterstellt, die für Körperschaften, Anstalten oder Stiftungen des öffentlichen Rechts oder deren Verbände beziehungsweise Arbeitsgemeinschaften tätig sind.

Versicherter Personenkreis

Das gilt auch:

- für die ehrenamtliche Tätigkeit der privatrechtlichen Organisationen im Auftrag oder mit ausdrücklicher Einwilligung, in besonderen Fällen mit schriftlicher Genehmigung von Gebietskörperschaften, wenn sie an Ausbildungsveranstaltungen für diese Tätigkeit teilnehmen

- für Personen, die für öffentlich-rechtliche Religionsgemeinschaften und deren Einrichtungen oder für privatrechtliche Organisationen unter den vorstehend geschilderten Voraussetzungen tätig sind oder an Ausbildungsveranstaltungen für diese Tätigkeit teilnehmen

Wer bei Unglücksfällen oder gemeiner Gefahr oder Not Hilfe leistet, untersteht dem Versicherungsschutz. Voraussetzung ist allerdings, dass die Rettungshandlung wesentlich dem Zweck dient, eine drohende Gefahr von anderen Personen abzuwenden.

Eine Hilfeleistung bei gemeiner Gefahr setzt voraus, dass der Eingreifende nach den gegebenen Umständen annehmen darf, es bestehe die naheliegende Möglichkeit eines Schadens für diese Personen. Werden Rettungsmaßnahmen allerdings im Wesentlichen deshalb unternommen, um das eigene Leben zu retten, besteht kein Unfallversicherungsschutz.

Manchmal ist es schwierig, zu erkennen, ob jemand wirklich in Lebensgefahr schwebt. Für den Unfallversicherungsschutz des „Retters" kommt es nur darauf an, ob er nach den vorliegenden Umständen annehmen durfte, dass eine solche Gefahr vorlag. Hilft jemand einem anderen, der widerrechtlich angegriffen wurde, und wird der Helfer dabei verletzt, so steht er unter Unfallversicherungsschutz.

Das Gleiche gilt, wenn jemand eine Person verfolgt, die verdächtig ist, eine Straftat begangen zu haben. Verfolgt also beispielsweise ein Passant einen Bankräuber und wird er von diesem ange-

Unfallversicherung

schossen, besteht ein Entschädigungsanspruch gegen die gesetzliche Unfallversicherung.

Sind Personen ehrenamtlich in einem Unternehmen tätig, das Hilfe bei Unglücksfällen leistet, zum Beispiel Deutsches Rotes Kreuz, dann besteht Unfallversicherungsschutz. Das gilt auch bei einer Beschäftigung im Zivilschutz.

Ebenso unterliegen zur Beweiserhebung herangezogene Zeugen dem Versicherungsschutz.

Personen, die auf Kosten

- einer Krankenkasse
- eines Trägers der gesetzlichen Rentenversicherung
- einer landwirtschaftlichen Alterskasse

stationäre oder teilstationäre Behandlung erhalten, stehen unter Unfallversicherungsschutz. Das gilt auch für Personen, die stationäre, teilstationäre oder ambulante Leistungen zur medizinischen Rehabilitation erhalten. Es gilt ferner für Personen, die zur Vorbereitung von Leistungen zur Teilhabe am Arbeitsleben auf Aufforderung eines

- Trägers der gesetzlichen Rentenversicherung oder
- der Bundesagentur für Arbeit

diese Träger oder eine andere Stelle aufsuchen.

Unfallversichert ist auch, wer auf Kosten eines Unfallversicherungsträgers an vorbeugenden Maßnahmen nach der Berufskrankheiten-Verordnung teilnimmt.

Unfall bei Selbsthilfe

Verunglückt jemand, der bei Schaffung öffentlich geförderten Wohnraums im Rahmen der Selbsthilfe tätig ist, steht er unter Unfallversicherungsschutz. Zur Selbsthilfe gehören alle Arbeitsleistungen, die zur Durchführung des Bauvorhabens erbracht werden.

Versicherter Personenkreis

Wer deshalb beispielsweise einen Architekten aufsucht, um von diesem Anweisungen über Art und Weise des Bauvorhabens einzuholen, ist bei einem Unfall auf diesem Weg versichert.

Auch vorbereitende Maßnahmen, wie der Abriss bestehender Gebäude, stehen unter Unfallversicherungsschutz.

Hilft ein Nachbar unentgeltlich bei Schaffung öffentlich geförderten Wohnraums mit (Nachbarschaftshilfe) und verletzt er sich dabei, hat er Anspruch gegen die gesetzliche Unfallversicherung. Die Unentgeltlichkeit wird nicht dadurch beeinträchtigt, dass der Nachbar beköstigt wird.

Blutspender und Spender körpereigenen Gewebes

Personen, die Blut oder körpereigenes Gewebe spenden, stehen unter Unfallversicherungsschutz. Allerdings ist die so genannte Eigenblutspende nicht unfallversichert. Es geht hier darum, dass Blut für eine spätere Operation des „Spenders" entnommen und gelagert wird.

Unter dem Begriff „körpereigenes Gewebe" fallen alle Teile oder Organe des Körpers. Angesprochen sind beispielsweise Haut, Augen, Nieren, Knochenteile und so weiter.

Pflegende

Die Pflegeversicherung (siehe Seite 119) sieht nicht nur Rechte für Pflegebedürftige, sondern auch für die Personen vor, die sie pflegen. So stehen Pflegepersonen bei Pflege eines Pflegebedürftigen unter Unfallversicherungsschutz.

Die versicherte Tätigkeit umfasst Pflegetätigkeiten in den Bereichen:

- Körperpflege
- Ernährung

Unfallversicherung

- Mobilität
- hauswirtschaftliche Versorgung

Die Pflegetätigkeit darf allerdings nicht erwerbsmäßig betrieben werden. Bei nahen Verwandten und sonstigen Familienangehörigen ist allgemein davon auszugehen, dass keine Erwerbstätigkeit vorliegt.

Eine Pflegetätigkeit ist immer dann erwerbsmäßig, wenn sie im Rahmen eines Arbeitsverhältnisses ausgeübt wird. Ereignet sich hier ein Unfall, besteht Versicherungsschutz nicht als Pflegender, sondern als Arbeitnehmer.

Wer wie ein Arbeitnehmer tätig wird

Unter Unfallversicherungsschutz steht auch derjenige, der wie ein Arbeitnehmer tätig wird. Das gilt im Übrigen auch für Inhaftierte, die wie Beschäftigte tätig werden.

Gefälligkeitshandlungen, die ihr Gepräge aus einem familienähnlichen Gemeinschaftsverhältnis erhalten, sind keine arbeitnehmerähnlichen Tätigkeiten. Deshalb unterliegen sie nicht dem gesetzlichen Versicherungsschutz.

Beispiel:

- Ein Verwandter hilft bei Beseitigung hinderlicher Äste von einem Birnbaum. Dabei wird er verletzt. Es handelt sich hier nach einer Entscheidung des Bundessozialgerichts (BSG) um eine kurzerhand geleistete verwandtschaftliche Hilfeleistung. Sie steht nicht unter Unfallversicherungsschutz.

- Hilft jemand dem Fahrer eines Lastwagens, der Getränkeflaschen befördert, dabei, Scherben aus einer heruntergefallenen Kiste zu beseitigen, handelt er wie ein Arbeitnehmer. Verletzt er sich bei dieser Tätigkeit, so steht er unter Unfallversicherungsschutz.

Wichtig: Ist jemand bei einer Tätigkeit wie ein Arbeitnehmer verletzt worden, ist der Unfallversicherungsträger zuständig, der für das betreffende Unternehmen maßgebend ist. Im letzten Beispiel ist also die Berufsgenossenschaft maßgebend, die für den Arbeitgeber des Lastkraftwagenfahrers zuständig ist.

Zuständiger Unfallversicherungsträger

Es gibt zahlreiche gesetzliche Unfallversicherungsträger in der Bundesrepublik Deutschland. In letzter Zeit sind allerdings starke Konzentrationsbemühungen zu beobachten. So haben einige gewerbliche Berufsgenossenschaften fusioniert. Weitere Fusionen sind geplant.

Die gewerblichen Berufsgenossenschaften sind für alle Versicherten zuständig, die in Betrieben der jeweiligen Branche beschäftigt sind. Das gilt auch für Personen, die wie Arbeitnehmer tätig werden (siehe Seite 142).

Das gilt übrigens auch für den landwirtschaftlichen Bereich. Hier entscheidet die regionale Zuständigkeit der landwirtschaftlichen Berufsgenossenschaften.

Der Bund als Unfallversicherungsträger ist für seine Unternehmen, aber beispielsweise auch für Personen, die im Zivilschutz tätig sind, zuständig.

Die Unfallversicherungsträger der Bundesländer sind ebenfalls für ihre Unternehmen, darüber hinaus aber für zahlreiche andere Versicherte zuständig. Dabei handelt es sich um Personen, die nicht Arbeitnehmer sind.

Beispielsweise sind hier versichert:

- Personen, die bei Unglücksfällen oder gemeiner Gefahr oder Not Hilfe leisten oder einen anderen aus erheblicher gegenwärtiger Gefahr für seine Gesundheit retten

Unfallversicherung

- Personen, die sich bei der Verfolgung oder Festnahme einer Person, die einer Straftat verdächtig ist, oder zum Schutze eines widerrechtlich Angegriffenen persönlich einsetzen

Die Unfallversicherungsträger der Kommunen sind für die Unternehmen der Gemeinden und Gemeindeverbände zuständig. Außerdem sind Arbeitnehmer im Haushalt bei ihnen versichert. Zuständig sind sie auch für Personen, die bei den Arbeitsbeschaffungsmaßnahmen der Sozialhilfeträger (Sozialämter) tätig sind.

Verrichtet jemand Eigenarbeiten beim Eigenheimbau (Haus, Wohnung), ist er ebenfalls bei einem kommunalen Träger versichert. Angesprochen sind hier nicht gewerbsmäßig ausgeübte Bauarbeiten (siehe Seite 139).

Pflegepersonen im Sinne der Pflegeversicherung sind ebenfalls hier versichert (siehe Seite 141).

Zu beachten ist in diesem Zusammenhang, dass die Satzung der Unfallversicherungsträger im Landesbereich den Versicherungsschutz auf ehrenamtlich Tätige und bürgerschaftlich Engagierte erstrecken kann, die in dieser Tätigkeit nicht bereits der Versicherungspflicht unterliegen.

Versicherungsfälle

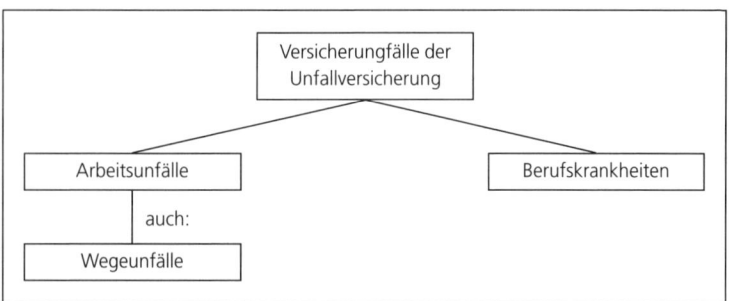

Versicherungsfälle

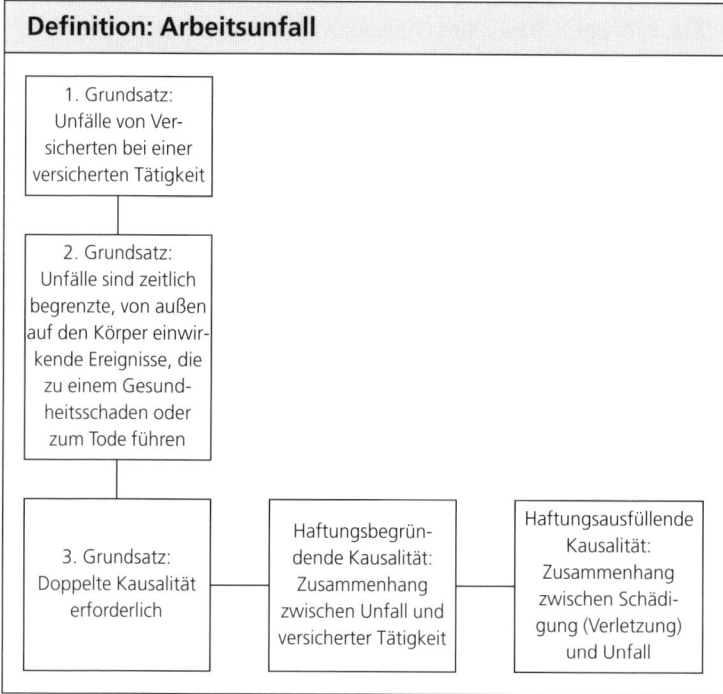

Bei Klärung der Frage, ob ein Arbeitsunfall vorliegt oder nicht, muss zunächst überprüft werden, ob sich der Unfall bei einer versicherten Tätigkeit ereignet hat (siehe Seite 138).

Verletzt sich ein Arbeitnehmer direkt bei der betrieblichen Tätigkeit, ist die Frage, ob ein Arbeitsunfall vorliegt, in der Regel einfach zu beweisen. Komplizierter ist es manchmal bei anderen Personenkreisen.

Beispiel:

Ein Blutspender wird beim Einsetzen der Kanüle verletzt. Hier liegt ein Arbeitsunfall vor. Gleiches gilt, wenn ein Gewebespender bei der Gewebeentnahme verletzt wird.

Unfallversicherung

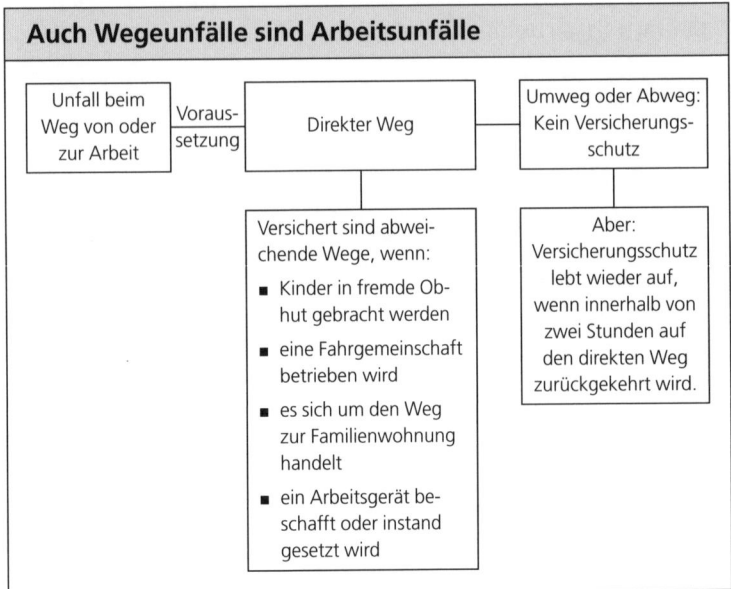

Wegeunfälle ereignen sich nicht nur auf dem Weg zur Fabrik, dem Verwaltungsgebäude, der Werkstätte, sondern beispielsweise auch dann, wenn sich ein Blutspender auf den Weg zu dem Ort macht, an dem die Blutentnahme erfolgen soll.

Das Gesetz fordert lediglich, dass sich der Unfall beim Zurücklegen des mit der versicherten Tätigkeit zusammenhängenden unmittelbaren Weges nach und von dem Ort der Tätigkeit ereignet.

Hat sich ein Arbeitsunfall ereignet, muss der Arbeitgeber (Unternehmer) dem zuständigen Unfallversicherungsträger eine Unfallanzeige erstatten. Dies funktioniert ziemlich reibungslos, wenn es sich um reine Betriebsunfälle handelt, ist aber schwieriger in der Durchführung, wenn es sich um einen Unfall beispielsweise bei einer (versicherten) ehrenamtlichen Tätigkeit handelt. Das Gleiche gilt zum Beispiel bei Blut- und Gewebespendern.

Leistungsansprüche

> **Praxis-Tipp:**
>
> Die gesetzlichen Unfallversicherungsträger sind zwar verpflichtet, von Amts wegen tätig zu werden. Trotzdem sollten Sie sich, falls Sie der Auffassung sind, einen Arbeitsunfall außerhalb einer Arbeitnehmerbeschäftigung erlitten zu haben, an den zuständigen Unfallversicherungsträger wenden, um dort die Frage des Arbeitsunfalles klären zu lassen. Entsprechende Auskünfte geben auch die Gemeinden und Versicherungsämter.
>
> Sie sollten auch einen vom Unfallversicherungsträger bestellten Arzt (Durchgangsarzt – D-Arzt –) aufsuchen. Ihr behandelnder Hausarzt ist verpflichtet, Sie an einen solchen Arzt zu verweisen, wenn er Anhaltspunkte für das Bestehen eines Arbeitsunfalles hat.

Leistungsansprüche

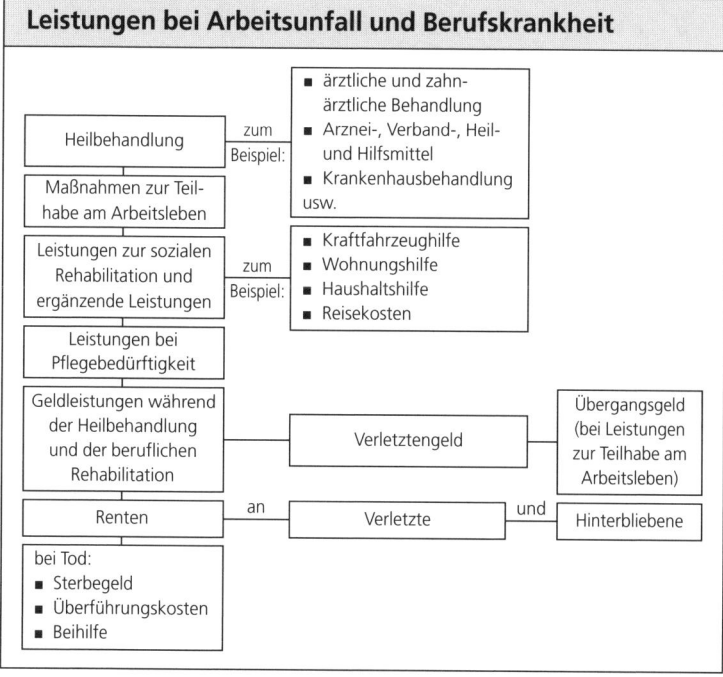

Leistungen bei Arbeitsunfall und Berufskrankheit

Unfallversicherung

Nach Eintritt eines Versicherungsfalles hat der Unfallversicherungsträger mit allen geeigneten Mitteln möglichst frühzeitig

- den durch den Versicherungsfall verursachten Gesundheitsschaden zu beseitigen oder zu bessern, seine Verschlimmerung zu verhüten und seine Folgen zu mildern
- den Versicherten einen ihren Neigungen und Fähigkeiten entsprechenden Platz im Arbeitsleben zu sichern
- Hilfen zur Bewältigung der Anforderungen des täglichen Lebens und zur Teilhabe am Leben in der Gemeinschaft sowie zur Führung eines möglichst selbständigen Lebens unter Berücksichtigung von Art und Schwere des Gesundheitsschadens bereitzustellen
- ergänzende Leistungen zur Heilbehandlung und zu Leistungen zur Teilhabe am Arbeitsleben und am Leben in der Gemeinschaft zu erbringen
- Leistungen bei Pflegebedürftigkeit zu erbringen

Die sicherlich wichtigste Leistung ist die Verletztenrente:

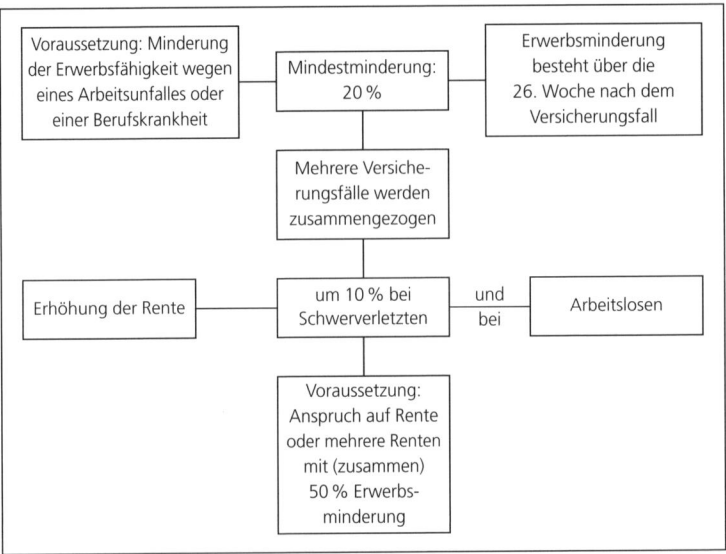

Leistungsansprüche

Die Renten werden aus dem Jahresarbeitsverdienst des Versicherten berechnet. Die Höchstgrenzen des Jahresarbeitsverdienstes ergeben sich aus der Satzung des jeweiligen Unfallversicherungsträgers. In § 85 SGB II wird der Mindestjahresarbeitsverdienst geregelt, der für solche Personen von Interesse ist, die wie Rentner nicht in einem Beschäftigungsverhältnis stehen.

Der Jahresarbeitsverdienst beträgt mindestens:

- 40 % für Versicherte, die im Zeitpunkt des Versicherungsfalls das 15., aber noch nicht das 18. Lebensjahr vollendet haben,
- 60 % für Versicherte, die im Zeitpunkt des Versicherungsfalls das 18. Lebensjahr vollendet haben

der im Zeitpunkt des Versicherungsfalls maßgebenden Bezugsgröße.

- 40 % der Bezugsgröße sind im Jahr 2006:

  in den alten Bundesländern 11 760 Euro

  in den neuen Bundesländern 9 912 Euro

- 60 % der Bezugsgröße sind im Jahr 2006:

  in den alten Bundesländern 17 640 Euro

  in den neuen Bundesländern 14 868 Euro

Treffen Rentenansprüche der gesetzlichen Unfallversicherung mit solchen der gesetzlichen Rentenversicherung zusammen, gibt es Anrechnungsvorschriften.

Praxis-Tipp:

Beachten Sie zum Recht der gesetzlichen Unfallversicherung das im Walhalla Fachverlag erschienene Buch „Arbeitsunfall – Berufskrankheit", ISBN 978-3-8029-3639-5.

Rentenversicherung 6

Versicherungspflicht und -freiheit 152

Beitragspflicht 155

Leistungsansprüche 157

Hinzuverdienst bei Rentenbezug 159

Rentenversicherung

Versicherungspflicht und -freiheit

Rechtsgrundlage für die gesetzliche Rentenversicherung ist das Sozialgesetzbuch – Sechstes Buch (SGB VI). Wie beispielsweise die Krankenversicherung, ist die gesetzliche Rentenversicherung in erster Linie eine Versicherung der Arbeitnehmer. Allerdings sind auch bestimmte selbständig Tätige versicherungspflichtig (§ 2 SGB VI). Zu nennen sind hier beispielsweise Lehrer und Erzieher sowie Hebammen und Entbindungspfleger.

Versicherungspflichtig sind unter anderem auch Personen in der Zeit, für die ihnen Kindererziehungszeiten anzurechnen sind. Außerdem sind Personen in der Zeit versicherungspflichtig, für die sie von einem Leistungsträger Krankengeld, Verletztengeld, Versorgungskrankengeld, Übergangsgeld oder Arbeitslosengeld beziehen. Voraussetzung ist allerdings, dass sie im letzten Jahr vor Beginn der jeweiligen Leistungen zuletzt versicherungspflichtig waren.

§ 4 SGB VI regelt die Versicherungspflicht auf Antrag. Hiervon werden zum Beispiel Personen erfasst, die eine der vorstehend aufgeführten Sozialleistungen beziehen, jedoch nicht versicherungspflichtig sind. Auf Antrag versicherungspflichtig sind auch Personen, die nur deshalb keinen Anspruch auf Krankengeld haben, weil sie nicht in der gesetzlichen Krankenversicherung versichert sind. Gleiches gilt für solche Personen, die in der gesetzlichen Krankenversicherung ohne Anspruch auf Krankengeld versichert sind. Die Versicherungspflicht auf Antrag erstreckt sich auf die Zeit der Arbeitsunfähigkeit oder der Ausführung von Leistungen zur medizinischen Rehabilitation oder zur Teilhabe am Arbeitsleben.

Voraussetzung für die Versicherungspflicht auf Antrag ist in diesen Fällen, dass die betreffenden Personen im letzten Jahr vor Beginn der Arbeitsunfähigkeit oder der Rehabilitationsleistungen oder der Leistungen zur Teilhabe am Arbeitsleben zuletzt versicherungspflichtig waren. Die Versicherungspflicht besteht für längstens 18 Monate.

Versicherungspflicht und -freiheit

Versicherungspflichtig kraft Gesetzes sind im Übrigen auch Personen in der Zeit, in der sie einen Pflegebedürftigen im Sinne des SGB XI (siehe Seite 156) nicht erwerbsmäßig wenigstens 14 Stunden wöchentlich in seiner häuslichen Umgebung pflegen. Das Gesetz spricht von nicht erwerbsmäßig tätigen Pflegepersonen. Vo-

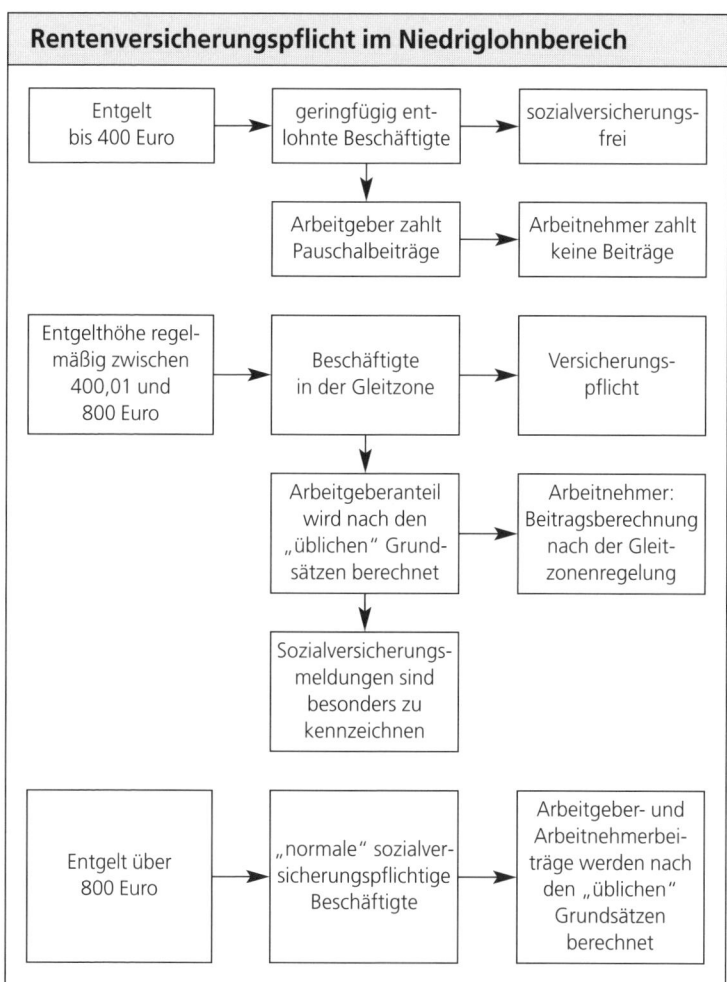

Rentenversicherung

raussetzung ist, dass der Pflegebedürftige Anspruch auf Leistungen aus der sozialen oder einer privaten Pflegeversicherung hat.

Eine Versicherungspflicht für Rentner ist in der Rentenversicherung schon deshalb nicht vorgesehen, weil dieser Versicherungszweig bei einem Rentenbezug vom Ende der Versicherungszeit ausgeht. Das ist allerdings nicht immer so, das heißt, es gibt viele Rentner, die ein Beschäftigungsverhältnis neben ihrer Rente aufnehmen beziehungsweise weiterführen.

Dies gilt insbesondere für den Bereich der Teilzeitkräfte und Aushilfen. Es wird hier auch vom Niedriglohnbereich gesprochen, in dem sehr oft Rentner tätig sind.

Die Versicherungsfreiheit geringfügig Beschäftigter ergibt sich aus § 5 Abs. 2 SGB VI. In § 5 Abs. 4 SGB VI wird die Versicherungsfreiheit bestimmter älterer Personen geregelt. Danach ist nämlich versicherungsfrei:

- wer eine Vollrente wegen Alters bezieht
- wer nach beamtenrechtlichen Vorschriften, Grundsätzen, entsprechenden kirchenrechtlichen Regelungen oder nach den Regelungen einer berufsständischen Versorgungseinrichtung eine Versorgung nach Erreichen einer Altersgrenze bezieht (das Gleiche gilt für Personen, die etwa in einer religiösen Gemeinschaft die dort übliche Altersversorgung erhalten)
- wer bis zur Vollendung des 65. Lebensjahres nicht versichert war oder nach Vollendung des 65. Lebensjahres eine Beitragserstattung aus seiner Versicherung erhalten hat

Es ist gleichgültig, welche Vollrente wegen Alters bezogen wird. Hier sind zu unterscheiden:

- die Regelaltersrente (65. Lebensjahr vollendet)
- die Altersrente für langjährige Versicherte

- die Altersrente für Frauen
- die Altersrente für schwerbehinderte Menschen
- die Altersrente wegen Arbeitslosigkeit oder nach einer Altersteilzeit

Die Regelaltersrente wird künftig ab einem späteren Lebensjahr gewährt werden. Geplant ist, die hier maßgebende Altersgrenze auf 67 Jahre anzuheben. Dies soll ab dem Jahr 2012 schrittweise erfolgen.

Die gesetzliche Rentenversicherung kennt auch eine freiwillige Versicherung, die in § 7 SGB VI geregelt ist. Danach können sich Personen, die nicht versicherungspflichtig sind, für Zeiten von der Vollendung des 16. Lebensjahres an freiwillig versichern.

Wichtig: Nach bindender Bewilligung einer Vollrente wegen Alters oder für Zeiten des Bezugs einer solchen Rente ist eine freiwillige Versicherung nicht zulässig.

Beitragspflicht

In dem Schaubild auf Seite 153 ist bereits darauf hingewiesen worden, dass für so genannte geringfügig Beschäftigte (400-Euro-Jobs) die Arbeitgeber einen Pauschalbeitrag zu zahlen haben. Die Arbeitnehmer zahlen hier keine Beiträge, können aber beantragen, dass die Versicherungsfreiheit in der Rentenversicherung (und nur hier) wegfällt. In diesem Falle zahlen sie die Differenz zwischen dem Pauschalbeitrag des Arbeitgebers und dem wirklichen Beitrag selbst.

Allerdings gelten auch hier die auf Seite 154 aufgeführten Regelungen über die Versicherungsfreiheit von beispielsweise Beziehern einer Vollrente wegen Alters.

In diesem Zusammenhang ist auch zu erwähnen, dass Personen, die wegen der Gleitzonenregelung geringere Beiträge als üblich zahlen,

Rentenversicherung

auf die Anwendung dieser Regelung in der gesetzlichen Rentenversicherung verzichten können. Sie müssen dann die vollen Beiträge zahlen. Der Arbeitgeber hat dies auf jeden Fall zu tun. Die Gleitzonenregelung dient dazu, im Niedriglohnbereich die Versicherten geringer zu belasten.

§ 172 SGB VI sieht vor, dass Arbeitgeber trotz Versicherungsfreiheit ihrer Arbeitnehmer ihren Arbeitgeberanteil zu entrichten haben. Diese Vorschrift soll verhindern, dass Arbeitgeber bevorzugt Personen der angesprochenen Art einstellen. Es handelt sich hier um Beschäftigte, die versicherungsfrei sind:

- als Bezieher einer Vollrente wegen Alters
- als Versorgungsbezieher
- wegen Vollendung des 65. Lebensjahres
- wegen einer Beitragserstattung

Hier tragen die Arbeitgeber die Hälfte des Beitrags, der zu zahlen wäre, wenn die Beschäftigten versicherungspflichtig wären. Besonderheiten gelten hier in der Rentenversicherung für Bergleute (knappschaftliche Rentenversicherung).

Die Beiträge für nicht erwerbsmäßig tätige Pflegepersonen hat die Pflegekasse beziehungsweise bei in einem privaten Versicherungsunternehmen Versicherten dieses Unternehmen zu zahlen.

Die Beiträge für Kindererziehungszeiten werden vom Bund getragen. Wer Krankengeld oder Verletztengeld bezieht, hat die Beiträge aus diesen Leistungen zur Hälfte zu tragen. Die andere Hälfte trägt der Leistungsträger. Bei Beziehern von Versorgungskrankengeld, Übergangsgeld oder Arbeitslosengeld werden die Beiträge von den Leistungsträgern allein aufgebracht. Für die knappschaftliche Rentenversicherung gelten Sonderregelungen.

Leistungsansprüche

Leistungsarten der gesetzlichen Rentenversicherung

- Regelaltersrenten
- Altersrenten für langjährig Versicherte
- Altersrenten für schwerbehinderte Menschen
- Altersrenten wegen Arbeitslosigkeit
- Renten wegen Erwerbsminderung (Frührenten)
- Renten von Todes wegen (Witwer-, Witwenrenten, Waisenrenten, Erziehungsrenten)
- Leistungen für Kindererziehung
- Leistungen aus Höherversicherungsbeiträgen
- Zusatzleistungen nach dem Rentenüberleitungsgesetz
- Leistungen aus überführten Zusatz- und Sonderversorgungssystemen
- Erstattungen an die Deutsche Rentenversicherung Knappschaft-Bahn-See und an die Träger der Unfallversicherung
- Leistungen zur medizinischen Rehabilitation, Leistungen zur Teilhabe am Arbeitsleben sowie ergänzende Leistungen
- Krankenversicherung der Rentner
- Finanzausgleichszahlungen
- Kosten des Sozialmedizinischen Dienstes
- Personal- und Verwaltungskosten

Die wichtigste Leistung der gesetzlichen Rentenversicherung beziehen die Rentner ja bereits. Hier ist allerdings zu beachten, dass

- Altersrentner auch noch zusätzlich Hinterbliebenenrenten beziehen können
- Altersrentner, die eine Rente vor Vollendung des 65. Lebensjahres erhalten, die Regelaltersrente (Vollendung des 65. Lebensjahres ist Voraussetzung) erhalten können

Rentenversicherung

- Bezieher einer Erwerbsminderungsrente Altersrente beanspruchen können

- Bezieher einer Rente wegen teilweiser Erwerbsminderung bei entsprechender Verschlechterung ihres Gesundheitszustandes Rente wegen voller Erwerbsminderung erhalten können

Von Bedeutung für Rentner können aber auch die Leistungen zur Teilhabe sein, die in den §§ 9 bis 32 SGB VI behandelt werden. Danach erbringt die Rentenversicherung unter bestimmten Voraussetzungen:

- Leistungen zur medizinischen Rehabilitation
- Leistungen zur Teilhabe am Arbeitsleben
- ergänzende Leistungen

Die persönlichen Voraussetzungen für Leistungen zur Teilhabe haben erfüllt:

- Versicherte, deren Erwerbsfähigkeit wegen Krankheit oder körperlicher, geistiger oder seelischer Behinderung erheblich gefährdet oder gemindert ist

- Versicherte, bei denen voraussichtlich bei erheblicher Gefährdung der Erwerbsfähigkeit eine Minderung der Erwerbsfähigkeit durch Leistungen zur medizinischen Rehabilitation oder zur Teilhabe am Arbeitsleben abgewendet werden kann

- Versicherte, bei denen voraussichtlich bei geminderter Erwerbsfähigkeit diese durch Leistungen zur medizinischen Rehabilitation oder zur Teilhabe am Arbeitsleben wesentlich gebessert oder wiederhergestellt oder hierdurch deren wesentliche Verschlechterung abgewendet werden kann

- Versicherte, bei denen voraussichtlich bei teilweiser Erwerbsminderung ohne Aussicht auf eine wesentliche Besserung der Erwerbsfähigkeit der Arbeitsplatz durch Leistungen zur Teilhabe am Arbeitsleben erhalten werden kann

Sonderregelungen gelten für Beschäftigte im Bergbau. Nach § 12 SGB VI werden Leistungen zur Teilhabe beispielsweise für folgende Versicherte nicht erbracht:

- Versicherte, die eine Rente wegen Alters von wenigstens zwei Dritteln der Vollrente beziehen oder beantragt haben

- Versicherte, die eine Beschäftigung ausüben, aus der ihnen nach beamtenrechtlichen oder entsprechenden Vorschriften Anwartschaft auf Versorgung gewährleistet ist

- Versicherte, die als Bezieher einer Versorgung wegen Erreichens einer Altersgrenze versicherungsfrei sind

Wichtig: Bezieher einer Rente sowie ihre Angehörigen haben Anspruch im Rahmen der so genannten Sonstigen Leistungen auf Nach- und Festigungskuren wegen Geschwulsterkrankungen (§ 31 Abs. 1 Nr. 3 SGB VI). Unter bestimmten Voraussetzungen besteht auch Anspruch für Altersrentenbezieher auf stationäre Heilbehandlung, wenn dadurch eine wesentliche Gesundheitsgefährdung beseitigt oder eine beeinträchtigte Gesundheit wesentlich gebessert oder wiederhergestellt werden kann.

Hinzuverdienst bei Rentenbezug

Rentner, die eine Beschäftigung aufnehmen wollen, befürchten oft, damit ihre Rentenansprüche zu gefährden. Es ist deshalb für sie von besonderer Wichtigkeit, zu wissen, in welchen Fällen sie ihre Rente trotz Entgeltbezug erhalten können:

Rentenversicherung

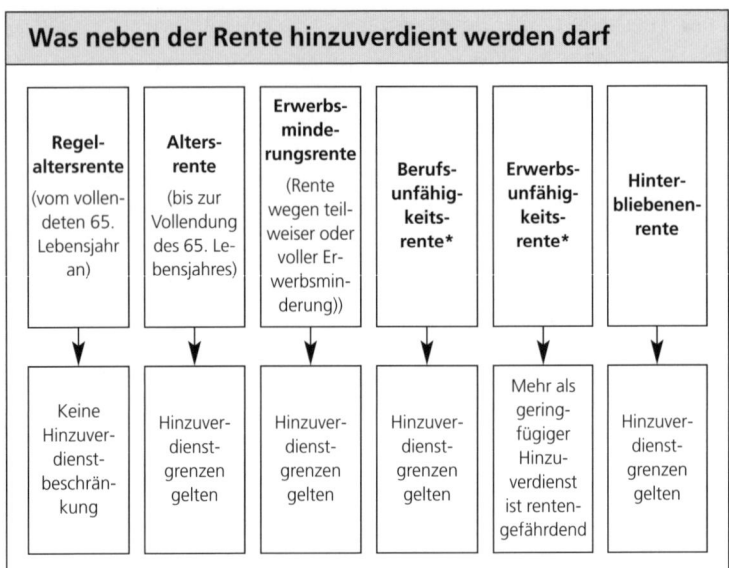

* Berufs- oder Erwerbsunfähigkeitsrente können nur noch Rentner beziehen, die bereits am 31.12.2000 Anspruch darauf hatten. Seit dem 01.01.2001 gibt es Rente wegen voller oder teilweiser Erwerbsminderung.

Soweit Hinzuverdienstgrenzen gelten, sind im Wesentlichen folgende Grenzwerte zu beachten:

Altersrenten	West Euro	Ost Euro
Regelaltersrente ab dem 65. Lebensjahr	Keine Beschränkung	
Regelaltersrente bis zur Vollendung des 65. Lebensjahres	
Vollrente	350,00	350,00
Teilrente von 2/3	458,58	403,12
Teilrente von 1/2	685,91	602,96
Teilrente von 1/3	913,24	802,80

Hinzuverdienst bei Rentenbezug

Renten wegen verminderter Erwerbsfähigkeit (bei Rentenbeginn seit 2001)		
Rente wegen voller Erwerbsminderung		
in voller Höhe	350,00	350,00
in Höhe von 3/4	611,44	537,50
in Höhe von 1/2	811,34	713,22
in Höhe von 1/4	1 011,23	888,94
Rente wegen teilweiser Erwerbsminderung		
in voller Höhe	811,34	713,22
in Höhe von 1/2	1 011,23	888,94
(bei Rentenbeginn vor 2001)		
Erwerbsunfähigkeitsrente	350,00	350,00
Berufsunfähigkeitsrente		
in voller Höhe	685,91	602,96
in Höhe von 2/3	914,55	803,95
in Höhe von 1/3	1 143,19	1 004,94

Bei Witwenrenten, Witwerrenten und Erziehungsrenten gelten folgende Werte:		
	West	**Ost**
Witwen- und Witwerrenten	689,83 Euro	606,41 Euro
für Waisenrenten sind maßgeblich	459,89 Euro	404,27 Euro
zuzüglich für jedes Kind	146,33 Euro	128,63 Euro

Hinweis:

Beachten Sie die im Walhalla Fachverlag erschienenen Fachratgeber:

„Früher in Rente", ISBN 978-3-8029-3605-0

„SGB VI – Gesetzliche Rentenversicherung",
ISBN 978-3-8029-7492-2

„Die neue Renten- und Pensionsbesteuerung",
ISBN 978-3-8029-3791-0

Arbeitslosenversicherung 7

Versicherungspflicht und -freiheit 164

Beitragspflicht 165

Leistungsansprüche 166

Arbeitslosenversicherung

Versicherungspflicht und -freiheit

Auch die Arbeitsförderung, die allgemein als Arbeitslosenversicherung bezeichnet wird, ist in erster Linie eine Versicherung der Arbeitnehmer. Rentner erhalten an sich ihre soziale Finalleistung, bedürfen also keiner Leistungen der Arbeitslosenversicherung, wie Arbeitslosengeld usw. Allerdings gibt es durchaus Fälle, in denen Rentenbezieher der Versicherungspflicht in der Arbeitslosenversicherung unterliegen.

Zunächst ist hier § 26 Abs. 2 Sozialgesetzbuch – Drittes Buch (SGB III) zu beachten. Danach sind Personen in der Zeit versicherungspflichtig, für die sie

- von einem Leistungsträger bestimmte Sozialleistungen, nämlich Mutterschaftsgeld, Krankengeld, Versorgungskrankengeld, Verletztengeld oder von einem Träger der medizinischen Rehabilitation Übergangsgeld beziehen

- von einem privaten Krankenversicherungsunternehmen Krankentagegeld beziehen

- von einem Träger der gesetzlichen Rentenversicherung eine Rente wegen voller Erwerbsminderung beziehen

Voraussetzung ist, dass die betreffenden Personen unmittelbar vor Beginn der Leistung versicherungspflichtig waren, eine laufende Entgeltersatzleistung nach dem SGB III bezogen oder eine als Arbeitsbeschaffungsmaßnahme geförderte Beschäftigung ausgeübt haben, die ein Versicherungspflichtverhältnis oder den Bezug einer laufenden Entgeltersatzleistung nach dem SGB III unterbrochen hat. Unter bestimmten Voraussetzungen besteht auch neben der Zeit einer Kindererziehung Versicherungspflicht.

In einer geringfügigen Beschäftigung besteht Versicherungsfreiheit.

Im Übrigen sind folgende Personen versicherungsfrei:

- Personen, die das 65. Lebensjahr vollendet haben, und zwar mit Ablauf des Monats, in dem sie dieses Lebensjahr vollenden

- die wegen einer Minderung ihrer Leistungsfähigkeit dauernd nicht mehr verfügbar sind, und zwar von dem Zeitpunkt an, an dem die Agentur für Arbeit diese Minderung der Leistungsfähigkeit und der zuständige Träger der gesetzlichen Rentenversicherung volle Erwerbsminderung im Sinne der gesetzlichen Rentenversicherung festgestellt haben

- Personen, die eine dem Anspruch auf Rente wegen voller Erwerbsminderung vergleichbare Leistung eines ausländischen Leistungsträgers beziehen

Außerdem sind Personen in einer Beschäftigung versicherungsfrei, soweit ihnen während dieser Zeit ein Rentenanspruch wegen voller Erwerbsminderung aus der gesetzlichen Rentenversicherung zuerkannt ist.

Seit 01.02.2006 gibt es auch das Versicherungspflichtverhältnis auf Antrag. Insbesondere besteht dies für Pflegepersonen, die einen pflegebedürftigen Angehörigen im Sinne des SGB XI (siehe Seite 127), wenigstens 14 Stunden wöchentlich pflegen. § 28a SGB III sieht hier allerdings besondere Voraussetzungen vor.

Die oben beschriebene Versicherungsfreiheit wegen Vollendung des 65. Lebensjahres ist nicht davon abhängig, dass eine Rente (Altersrente) bezogen wird. Meist handelt es sich hier aber um die gleichen Personen, die in der gesetzlichen Rentenversicherung wegen Bezuges einer Vollrente wegen Alters in einer Beschäftigung versicherungsfrei sind (siehe Seite 154).

Beitragspflicht

Wie in den sonstigen Sozialversicherungszweigen tragen Arbeitgeber und Arbeitnehmer die Beiträge im Allgemeinen je zur Hälfte. Bei Personen, die wegen einer geringfügigen Beschäftigung versicherungsfrei sind, besteht keine Beitragspflicht des Arbeitgebers, wie sie in der Kranken- und Rentenversicherung vorgeschrieben ist (Pauschalbeiträge).

Arbeitslosenversicherung

Für Personen, die Krankengeld oder Verletztengeld erhalten, sind die Beiträge von den Versicherten und den Leistungsträgern je zur Hälfte zu tragen. Die Leistungsträger tragen die Beiträge beispielsweise beim Bezug von Versorgungskrankengeld oder Übergangsgeld allein. Bei Personen, die Krankentagegeld beziehen, sind die Beiträge vom privaten Krankenversicherungsunternehmen zu tragen.

Der Leistungsträger ist für die Beitragszahlung für Personen zuständig, die als Bezieher einer Rente wegen voller Erwerbsminderung versicherungspflichtig sind. Für Personen, die als Erziehende versicherungspflichtig sind, ist der Bund für die Zahlung der Beiträge zuständig.

Personen, die ein Versicherungspflichtverhältnis auf Antrag begründen, tragen die Beiträge allein.

Für Beschäftigte, die wegen Vollendung des 65. Lebensjahres versicherungsfrei sind, tragen die Arbeitgeber die Hälfte des Beitrages, der zu zahlen wäre, wenn die Beschäftigung der Versicherungspflicht unterläge.

Leistungsansprüche

Die Arbeitslosenversicherung gewährt verschiedene Leistungsarten. Bei Rentnern ist davon auszugehen, dass Ansprüche auf solche Leistungen, wie beispielsweise Arbeitslosengeld, nicht mehr benötigt werden. Deshalb sieht § 142 SGB III das Ruhen des Anspruchs auf Arbeitslosengeld während der Zeit vor, für die dem Arbeitslosen ein Anspruch auf (zum Beispiel) folgende Leistungen zuerkannt ist:

- Krankengeld, Versorgungskrankengeld, Verletztengeld, Mutterschaftsgeld oder Übergangsgeld nach dem SGB III oder einem anderen Gesetz, dem eine Leistung zur Teilhabe zugrunde liegt, wegen der der Arbeitslose keine ganztägige Erwerbstätigkeit ausüben kann

Leistungsansprüche

- Rente wegen voller Erwerbsminderung aus der gesetzlichen Rentenversicherung (vom Beginn der laufenden Rentenzahlung an)
- Altersrente aus der gesetzlichen Rentenversicherung oder Knappschaftsausgleichsleistung oder ähnliche Leistungen öffentlich-rechtlicher Art

Ist dem Arbeitslosen eine Rente wegen teilweiser Erwerbsminderung zuerkannt, kann er sein Restleistungsvermögen jedoch unter den üblichen Bedingungen des allgemeinen Arbeitsmarktes nicht mehr verwerten, hat die Agentur für Arbeit den Arbeitslosen unverzüglich aufzufordern, innerhalb eines Monats einen Antrag auf Rente wegen voller Erwerbsminderung zu stellen.

Stellt der Arbeitslose den Antrag nicht, ruht der Anspruch auf Arbeitslosengeld vom Tage nach Ablauf der Frist an bis zu dem Tage, an dem der Arbeitslose den Antrag stellt.

Im Falle der Gewährung von Altersrente ruht der Anspruch mit Ablauf des dritten Kalendermonats nach Erfüllung der Voraussetzungen für den Anspruch auf Arbeitslosengeld. Voraussetzung ist, dass dem Arbeitslosen für die letzten sechs Monate einer versicherungspflichtigen Beschäftigung eine Teilrente oder eine ähnliche Leistung öffentlich-rechtlicher Art zuerkannt ist.

Das Arbeitslosengeld ruht nur bis zur Höhe der zuerkannten Altersrente, wenn die Leistung auch während einer Beschäftigung und ohne Rücksicht auf die Höhe des Arbeitsentgelts gewährt wird. Hier sind Personen angesprochen, die das 65. Lebensjahr vollendet haben.

Die vorstehenden Ruhenvorschriften gelten auch für einen vergleichbaren Anspruch auf eine andere Sozialleistung, den ein ausländischer Träger anerkannt hat.

Findex

Abfindung 42, 47
Abgabepreis 79
Abgeordnete 42
Abmagerung 76
Abreise 136
Abtretung 42
Abzweigungsbeträge 42
Altenteiler, mitarbeitende 25
Altenversorgung 41
Alter 154
Altersgrenze 46
Altersrente 11, 24, 34, 45, 100, 157
Alterssicherung 41
Alterssicherung der Landwirte 100
Altersteilzeit 155
Altersversorgung 44, 154
Altersvorsorge 44
Ambulante Operationen 88
Änderung 78
Angehörige 115, 120
Anleitung 87
Anrechnung 149
Anreise 136
Anschlussheilbehandlungen 111
Anspruchsnachweis 116
Anstalt 138
Antrag 22, 124, 152
Anwaltszwang 172
Apalliker 135
Appetit 76
Arbeitgeberanteil 156
Arbeitnehmer 62
Arbeitsbeschaffungsmaßnahme 144, 164
Arbeitseinkommen 38, 40, 48, 103
Arbeitsentgelt 103
Arbeitsgemeinschaft 138
Arbeitsleben 136, 157
Arbeitsleistung 140
Arbeitslosengeld 25, 152, 156, 164
Arbeitslosengeld II 21, 25, 41
Arbeitslosigkeit 155, 157
Arbeitsmarkt 167
Arbeitsplatz 159
Arbeitstherapie 93
Arbeitsunfähigkeit 96, 152
Arbeitsunfall 64, 145
Arbeitsverhältnisse 44
Architekt 141
Arzneimittel 62, 68, 75, 88, 110, 115, 147
Arzneimitteldokumentation 117
Arzneimitteltherapie 112
Arzt 69
Arztbrief 117
Ärztekammer 72
Arztgruppe 74
Ärztliche Behandlung 68, 110
Arztwahl 73
Aufenthaltsort 74
Aufklärung 62, 121
Aufrechnung 42
Auftragsleistung 74
Augen 141
Augenerkrankung 79
Augenverletzung 79
Ausbildung 78, 84, 133, 136
Ausbildungsveranstaltungen 139
Ausgleichszahlung 45
Aushilfe 154
Auskünfte 147
Ausland 46, 98
Auslandsaufenthalt 101
Ausnahmeindikation 70
Austritt 126

Findex

Bagatellheilmittel 77
Bagatellhilfsmittel 78
Bauarbeiten 144
Beamte 21, 46
Beaufsichtigung 130
Beförderung 107
Beförderungsmittel 108
Befreiung 22
Befreiungsantrag 23
Befreiungstatbestand 24
Befund 117
Befunden 108
Begabung 86
Begleitperson 64
Begutachtung 102
Behandlung 63, 69
Behandlung, nachstationäre 90
Behandlung, vorstationäre 89
Behandlungsberichte 117
Behandlungsfehler 72
Behandlungsfrequenz 107
Behandlungsmethoden 62
Behandlungspflege 80, 82
Behandlungsplan 87
Behandlungstage 90
behinderte Menschen 13, 136, 138
Behindertenpflege 133
Behinderung 13, 62, 63, 78, 112
Beihilfe 21, 147
Beihilfeanspruch 123
Beihilfeberechtigung 130
Beiträge 40, 126
Beitragsanteil 57
Beitragsbelastung 55
Beitragsbemessung 40
Beitragsbemessungsgrenze 47, 48, 104
Beitragsberechnung 103
Beitragserstattung 50, 53, 154, 156
Beitragsfreiheit 40
Beitragspflicht 40, 126, 155
Beitragssatz 31, 40, 48, 56, 126
Beitragssatz, zusätzlich 40
Beitrittsgebiet 17
Bekenntnisse 120
Belastungserprobung 93
Belastungsgrenze 66, 78, 79, 80, 85, 86, 88, 93, 110

Belgien 17
Beratung 62, 121, 130
Beratungseinsatz 130
Bergbau 159
Bergleute (knappschaftliche Rentenversicherung) 156
Berufsausbildung 86
Berufsgenossenschaft 143
Berufskrankheit 64
Berufskrankheiten-Verordnung 140
Berufsleben 44
Berufssoldat 21
Berufsunfähigkeit 100
Beschäftigungsort 28
Bescheinigung 113
Bestrahlung 70
Besuchsbehandlung 74
Betreuung 130
Betriebskrankenkasse 28
Betriebsrente 11, 37, 40
Betriebsrenten 44
Betriebsunfälle 146
Beweiserhebung 140
Bezugsgröße 149
Bindungsfrist 30
Blindenwarenvertriebsgesetz 138
Blindenwerkstätten 138
Blindheit 78
Blutentnahme 146
Blutspender 141, 145
Blutteststreifen 75
Bonusheft 95
Bruttoeinnahme 112
Bruttoeinnahmen 115
Budget, persönliches 63
Bundesagentur für Arbeit 140
Bundesbahnbeamte 123
Bundesländer 143
Bundesversorgungsgesetz 123

Chemotherapie 107

Dänemark 17
Dauerbehandlung 112
DDR 17
Demenz 135
Deputate 42

Findex

Deutsche Rentenversicherung Bund 11
Deutsches Rotes Kreuz 140
Diagnosen 117
Dialysebehandlung 107
Dienstleistung 64
Dienstverhältnis 43
Direktversicherung 44
Direktversicherunge 46
Dokumentation 117
Durchführungswege 44
Durchgangsarzt 147

Ehe 13
Ehegatte 28, 40, 86, 113, 136
Ehegatten 42
Eheschließung 14
Ehrenamt 121
Eigenarbeiten 144
Eigenbeteiligungen 79
Eigenblutspende 141
Eigenheim 144
Eigenverantwortung 62, 121
Eigenvorsorge 41
Eingliederung 133
Einkommen 11
Einmalig gezahltes Entgelt 103
Einmalzahlung 37
Einmalzahlungen 43
Einstufung 107
Einstufungsbescheid 107
Elektronische Gesundheitskarte 116
Elternteil 28, 89
Empfängnisfähigkeit 68
Empfängnisverhütung 63
Endstadium 131, 135
Entbindungspfleger 152
Entgeltersatzleistung 164
Entgeltpunkte 26
Entgeltumwandlung 45
Entlassung 81
Entschädigungsanspruch 140
Entschädigungscharakter 43
Ereignistag 22
Ergänzungstarife 96
Erholungsurlaub 130
Ernährung 141

Ersatz-Versicherungskarte 117
Ersatzbeschaffung 78
Ersatzschule 21
Erstattungsanspruch 98
Erstverordnung 77
Erwerbsfähigkeit 12, 41, 46, 112
Erwerbsleben 41
Erwerbsminderung 32, 98, 100, 157
Erwerbsminderungsrente 158
Erwerbstätigkeit 11, 142, 166
Erziehende 166
Erzieher 152
Erziehung 133
Erziehungsrente 157
Estland 17
Europäische Gemeinschaft 46
Europäische Union 17

Fahrkosten 106, 111
Fahrpreis 106
Familienangehörige 123, 142
Familienangehörige, mitarbeitende 25
Familienangehöriger 86
Familienversicherung 13, 16, 26, 108, 124, 136
Familienzuschlag 44
Festbetrag 115
Festbeträge 75, 79
Festigungskuren 159
Festnahme 144
Festzuschüsse 94
Finanzausgleichszahlungen 157
Finnland 17
Folgeerkrankung 77
Fortbildung 84
Frankreich 17
Frauen 155
freie Arztwahl 73
freiwillige Versicherung 16
Freizügigkeitsabkommen 17
Frist 102
Früherkennung 63
Früherkennungsuntersuchungen 110
Frührehabilitation 88
Frührente 157
Füllungen 96

Findex

Gebietskörperschaften 139
Gebisszustand 95
Gebrauchsgegenstände 78, 79
Geburt 14
Gefahr 139, 143
Gefälligkeitshandlung 142
Gegenbezahnung 94
Geistliche 21, 120
Geldleistungen 147
Gemeinde 144, 147
Gemeindeverbände 144
Gemeinschaft 136
Gemeinschaftsverhältnis 142
Genehmigung 106, 111
Gesamtbehandlung 70
Gesamteinkommen 26
Geschwulsterkrankung 159
Gesundheit 143
Gesundheitsschaden 148
Gesundheitsuntersuchungen 67
Gesundheitszustand 34, 90, 158
Gewährleistungspflicht 96
Gewebe 141
Gewebeentnahme 145
Gewebespende 145
Gleitzonenregelung 153, 155
Gnadenbezüge 45
Griechenland 17
Großbritannien 17
Grunderkrankung 107
Grundpflege 80, 82, 129

Haarwuchs 76
Harnteststreifen 75
Härtefall 135
Härten 131
Haus 144
Hausangestellte 84
Hausarzt 147
Haushalt 116, 144
Haushaltshilfe 68, 84, 111, 147
Häusliche Krankenpflege 68, 79, 85, 110
Häuslichkeit 130
hauswirtschaftliche Versorgung 80
Haut 141
Hebamme 152

Heilbehandlung 147, 148, 159
Heilerfolg 89
Heilfürsorgeberechtigte 123
Heilhilfsberufe 70
Heilkunde 70
Heilmittel 62, 68, 69, 76, 88, 110, 112, 147
Heilmitteltherapeut 77
Heimarbeit 138
Heimentgelt 136
Herz-Kreislauf-Krankheiten 67
Hilfebedarf 120, 127
Hilfeleistung 69, 139
Hilfestellung 130
Hilflosigkeit 89
Hilfsmittel 78, 88, 111, 112, 115, 147
Hilfsmittelverzeichnis 78
Hinfahrt 108
Hinterbliebene 43, 47
Hinterbliebenenrente 11, 19, 40, 157
Hinterbliebenenversorgung 41, 44
Hinzuverdienst 159
Hinzuverdienstgrenze 34
Höherversicherung 45
Höherversicherungsbeiträge 11, 157
Hörhilfen 78
Hospizbehandlung 91

Impfungen 117
Information 71
Inhaftierte 142
Innungskrankenkasse 28
Instandsetzung 78
Invaliditätsversorgung 44
Irland 17
Island 17
Italien 17

Jahresarbeitsentgeltgrenze 54
Jahresarbeitsverdienst 149
Judentum 19

Kapitalabfindung 47
Kapitalleistung 42, 46
Kassenärztliche Vereinigung 72
Kassensatzung 56
Kieferanomalien 69

Findex

Kieferkrankheiten 69
Kieferorthopädische Maßnahmen 68
Kind 84, 116, 136
Kinder 43, 87, 113
Kindererziehung 157, 164
Kindererziehungszeit 26, 152, 156
Kinderuntersuchungen 67
Kinderzuschüsse 43, 45
Knappschaft 29
Knappschaft-Bahn-See 11
Knappschaftsausgleichsleistung 100, 167
Knochenteile 141
Kombinationen 134
Konsiliaruntersuchung 74
Kontaktaufnahme 81
Kontaktlinse 79
Kontrollbesuche 110
Kontrolluntersuchung 90
Körperersatzstücke 78
Körpergewicht 76
Körperpflege 141
Körperschaft 138
Kostenerstattung 64, 115
Kraftfahrzeughilfe 147
Krankenbehandlung 68, 120
Krankenbehandlung, humane 71
Krankengeld 96, 152, 156, 164
Krankenhausbehandlung 80, 85, 87, 88, 147
Krankenhausvermeidungspflege 81
Krankenkasse 23
Krankenkasse, landwirtschaftliche 29
Krankenkraftwagen 106
Krankenpflege 88
Krankenpfleger 92
Krankenschwester 92
Krankentagegeld 164, 166
Krankenversichertenkarte 116
Krankenversicherungskarte 67
Krankenversicherungskarte, europäische 117
Krankenversicherungsunternehmen 56, 96, 120, 164
Krankenversicherungsunternehmen, private 123
Krankenversorgung 123

Krankheit 62, 69, 130
Krankheitsbeschwerden 68
Krankheitsfrüherkennung 67
Krankheitskostenversicherung, freiwillige 17
Krebserkrankung 131, 135
Krebsfrüherkennungsuntersuchung 67
Kriegsschadenrente 123
Krisensituationen 133
Kroatien 18
Kündigung 30
Kündigungsbestätigung 30
Kunstfehler 72
Künstler 25
Künstlersozialversicherung 28
künstliche Befruchtung 68
Kurort 66
Kurzzeitpflege 133

Labilität 86
Landessozialgericht 172
Landwirte 25, 28
Langzeitverordnung 77
Lastenausgleichsgesetz 123
Lebenserwartung 113
Lebensführung 62
Lebensgefahr 139
Lebensgrundlage 11
Lebenspartner 113, 123, 136
Lebensqualität 75, 113
Lebensverhältnisse 62
Lebensversicherung 11
Lehrer 152
Leistungen 62
Leistungen, sonstige 159
Leistungen, sozialpädagogische 87
Leistungsarten 63
Leistungserbringer 63, 65
Leistungsträger 152
Leitungsfunktionen 92
Lettland 17
Lichtbild 116
Liechtenstein 17
Linderungserfolg 89
Litauen 17
Lohnersatzfunktion 96
Luxemburg 17

Findex

Malta 17
Massage 70
Materialkosten 96
Mazedonien 18
medizinische Rehabilitation 12
medizinischer Dienst der Krankenkassen 113
Mehrkosten 69, 88, 96
Mehrleistung 82
Meldung 13
Menschen, schwerbehinderte 155
Mietwagenkosten 106
Mindestbeitragsbemessungsgrundlage 55
Mindestjahresarbeitsverdienst 149
Minister 42
Missbrauch 122
Mitbehandlung 74
Mitglieder, freiwillige 122
Mobilität 108, 142
Motivation 87
Mundkrankheiten 69
Mütter 93
Mutter-Kind-Maßnahme 93
Müttergenesungswerk 93
Mütterkuren 111
Mutterschaftsgeld 104, 164

Nachbar 120, 141
Nachbarschaftshilfe 141
Nachfolgerente 18
Nachkuren 159
Nachtpflege 133
Nachweis 124
Nachzahlung 98
Nachzahlungen 43
Nervosität 86
Nettoarbeitsentgelt 103
Nichtzulassungsbeschwerde 173
Niederlande 17
Niederschrift 12
Niedriglohnbereich 154
Nieren 141
Nierenerkrankungen 67
Nordirland 17
Norwegen 17
Not 139, 143

Notfallversorgung 117
Nutzungsrechte 42

Operation 90, 141
Operation, ambulante 90
Organ 141
Organübertragung 90
Ortskrankenkasse 28
Österreich 17

Parlamentarische Staatssekretäre 42
Patientenakte 117
Patientenbeauftragte 71
Patientenschulungsmaßnahmen 93
Pauschalbeitrag 155
Pauschalbeiträge 165
Pensionen 46
Pensionsfond 44
Pensionskasse 44, 45
Pensionszusage (Direktzusage) 44
Personalkosten 157
Pfändung 42
Pflege 85, 127, 141
Pflege, häusliche 120
Pflegeaufwand 131, 135
Pflegebedürftige 153
Pflegebedürftigkeit 63, 80, 82, 112, 124, 147
Pflegedienst 92
Pflegeeinrichtung 129, 130, 131
Pflegeeinsätze 131
Pflegefachkraft 92, 130
Pflegefall 89
Pflegegeld 131
Pflegekasse 156
Pflegekraft 80
Pflegekräfte 131
Pflegekurse 121
Pflegemaßnahme 89
Pflegeperson 153, 165
Pflegepersonen 144
Pflegerisiko 123
Pflegesachleistung 134
Pflegestufe 107, 124
Pflegetätigkeiten 141
Pflichtbeiträge 19
Pflichtversicherung 16

Findex

physikalische Therapie 77
Polen 17
Portugal 17
Postbeamtenkrankenkasse 123
Potenz 76
Prävention 120
Praxis 70
Praxisgebühr 74, 110
Praxisschild 73
Privatpatient 71
Psychotherapeuten 70
Psychotherapie 68
Publizisten 25

Qualität 62, 130
Qualitätssicherung 90
Quittungsheft 114

Rahmenfrist 13
Rangfolge 49
Raucherentwöhnung 76
Recht, überstaatliches 17
Rechtsbehelf 34
Rechtskraft 35
Rechtsmittel 34
Regelaltersrente 102, 154, 157
Regeldauer 93
Regelentgelt 103
Regelversorgung 94
Regionalträger 11
Rehabilitation 63, 69, 111, 120, 140, 147, 157
Rehabilitation, medizinischen 152
Rehabilitationsantrag 101
Rehabilitationsleistung 91
Rehabilitationsmaßnahmen 88
Reisekosten 147
Religionsgemeinschaft 139
Rente 147
Rentenantrag 96, 101
Rentenbescheid 12, 26
Rentenbewilligungsbescheid 34
Rentenversicherung 91
Rentenversicherungsträger 12, 56, 93, 127
Rentenzahlung 40
Restleistungsvermögen 167

Retters 139
Rettungsfahrten 106
Rettungshandlung 139
Rettungsmaßnahmen 139
Rettungswagen 106
Rezepte 108
Rheinschiffer-Übereinkommen 17
Richter 21
Rückfahrt 108
Rücknahme 35
Rücktransport 106
Ruhegehalt 43, 98
Ruhestandsbeamte 44

Sachleistung 64, 65
Sachleistungen 42
Satzung 40, 55, 65, 85, 126, 144, 149
Schuhe, orthopädische 79
Schulausbildung 86
Schutzfrist 105
Schwangerschaftsabbruch 63
Schweden 17
Schweiz 17
schwerbehinderte Menschen 157
Schwerbehindertenausweis 107
Schwerpflegebedürftige 127
Schwerstpflegebedürftige 127
See-Krankenkasse 29
Sehhilfe 78
Selbsthilfe 140
Sicherungspflege 80, 81
Slowakei 17
Slowenien 17
Soldaten 43
Solidargemeinschaft 62
Sonderkündigungsrecht 31
Sonderversorgungssystem 17
Sonderzuwendung 44
Sorgfalt 72
Sozialämter 144
Sozialgerichtsverfahren 33
Sozialstation 81
Sozialversicherungsabkommen 17
Sozialversicherungsvertrag 18
Soziotherapie 87, 111
Spanien 17
Spätaussiedler 18

Findex

Spender 141
Sprachtherapie 77
Sprechstunden 73
Sprechtherapie 77
stationäre Pflege 121
Sterbebegleitung 92
Sterbegeld 147
Sterbevierteljahr 45
Sterilisation 63
Steuer 42
Stiftung 138
Stimmtherapie 77
Straftat 139, 144
Strahlentherapie 107
Suprakonstruktion 94
Suprakonstruktionen 69

Tagespflege 133
Tätigkeit, ehrenamtliche 138, 146
Taxikosten 106
Teilhabe 93, 136, 158
Teilhabe am Arbeitsleben 12, 140, 147, 152
Teilrente 100, 167
teilstationäre Pflege 133
Teilzeitkräfte 154
Termine 108
Therapieempfehlungen 117
Therapierichtungen 62
Therapieschema 107
Tod 11, 33, 126
Transportmittel 108
Tschechien 17
Tunesien 18
Türkei 18

Überbrückungsgeld 45
Überführungskosten 147
Übergangsbeihilfe 43
Übergangsgebührnisse 43
Übergangsgeld 147, 152, 156, 164, 166
Übergangsgelder 43, 45
Übergangszeit 134
Überweisung 90
Überweisungen 74, 110
Uganda 17

Unfallanzeige 146
Unfallversicherung 64, 138, 157
Unfallversicherungsschutz 121
Unfallversicherungsträger 143
Unglücksfälle 139, 143
unkonzentriert 86
Unterhaltsbeiträge 43
Unterhaltsgeld 25
Unterhaltszahlungen 42
Unterkunft 66, 88, 89, 93
Unterstützungskasse 44
Untersuchungs- und Behandlungsmethoden 74

Väter 93
Vater-Kind-Maßnahme 93
Väterkuren 111
Veränderung 37
Verbandmittel 68, 75, 110, 147
Verfolgte 18
Verfolgung 144
Vergleich 35
Verhinderung 130
Verhütung 63, 69
Verkehrsmittel 106
Verletztengeld 147, 152, 156, 164
Verletztenrente 148
Verordnung 75
Verpflegung 88, 89, 93
Verrechnung 42, 57
Verschlechterung 158
Verschlimmerung 63, 113
Verschwägerte 85
Versicherte, freiwillig 126
Versicherung, freiwillige 25, 55, 155
Versicherungsämter 147
Versicherungsaufsicht 56
Versicherungseinrichtung 42
Versicherungsfall 149
Versicherungsfälle 144
Versicherungsfreiheit 21
Versicherungspflicht 10
Versicherungsunternehmen 56, 156
Versicherungsvertrag 46, 123
Versicherungszeit 124
Versorgung, hauswirtschaftliche 82, 129, 142

Findex

Versorgungsausgleich 42
Versorgungsbezieher 156
Versorgungsbezüge 37, 40
Versorgungseinrichtung 42, 154
Versorgungsform 95
Versorgungskrankengeld 152, 156, 164, 166
Versorgungsvertrag 131
Verstorbene 13
Vertragsarzt 77
Vertragsärzte 70
Vertragsrecht 72
Verwaltungskosten 65, 115, 157
verwandt 142
Verwandte 85
Verzicht 12
Vollrente 98, 154, 159
vollstationäre Pflege 133
Vorauszahlung 115
Vorrangversicherung 13, 33
Vorruhestandsgeld 98
Vorschuss 12
Vorsorge 111
Vorsorgeeinrichtung 66
Vorsorgeleistungen 85
Vorsorgeleistungen, medizinische 66
Vorsorgemaßnahme 62
Vorsorgeuntersuchungen 95, 110
Vorversicherungszeit 12, 25, 49

Wahl 65
Wahlrecht 27
Waise 34, 40
Waisengeld 43
Waisenrente 12, 40, 45, 157
Waisenrentner 84
Wartezeit 124
Weihnachtsgeld 45
Weihnachtsgelder 43
Weiterbehandlung 74
Weiterbildung 92
Weiterleitung 57
Weiterversicherung 45, 124, 126
Weltgesundheitsorganisation 79
Werkstätten 138

Widerspruchsbescheid 35
Widerspruchsfrist 35
Wiederheirat 34
Wiederverheiratung 47
Wirksamkeit 62
Wirtschaftlichkeitsprüfung 65, 115
Witwe 34, 47
Witwengeld 43
Witwenrente 45, 157
Witwenrentenvorschuss 12
Witwer 34, 47
Witwergeld 43
Witwerrente 45, 157
Witwerrentenvorschuss 12
Wohnort 28
Wohnraum 140
Wohnsitzverlegung 19
Wohnung 144
Wohnungshilfe 147

Zahlbetrag 26, 37, 42, 48
Zahlstelle 37
Zahltag 126
Zahnarzt 69
zahnärztliche Behandlung 68
Zahnersatz 68, 69, 94
Zahnkrankheiten 69
Zahnkrone 69
Zahnpflege 95
Zeitrente 99
Zeitsoldat 21
Zeuge 140
Zeugungsfähigkeit 68
Zivilschutz 140, 143
Zuckerkrankheit 67
Zusatzbeitrag 56
Zusatzleistungen 157
Zusatzversorgung 42
Zuschläge 45
Zuschuss 92, 135
Zuschüsse 127
Zustimmung 65
Zuzahlung 75, 76, 78, 80, 86, 93, 106, 110
Zuzahlungen 65, 66, 79, 88, 93
Zypern 17